So ein buntes Leben!

von
Sophie Schulz

So ein buntes Leben!

von
Sophie Schulz

Schulz, Sophie
So ein buntes Leben!
Oberding: Reimo-Verlag, 2013

ISBN 978 – 3 – 942867 – 20 – 7

Dr. Valentin Reitmajer
Am Mitterfeld 3, 85445 Oberding
Tel.: 08122 / 47 99 715 oder / 79 90
Fax: 08122 / 47 99 714
eMail: reimo_verlag@gmx.de
www.reitmajer-verlag.de

Covergestaltung: Gertrud Rothe

ISBN 978 – 3 – 942867 – 20 – 7

Inhaltsverzeichnis:

Vorwort

Sehr viele Freunde und fremde Mitbürger haben mir Briefe geschrieben, mich ermuntert und gebeten, ich sollte doch mehr über meine Erlebnisse aus meinem Leben schreiben.
In der Zwischenzeit habe ich mein 81. Lebensjahr erreicht und durch einen Einschnitt in meinem Leben eine Pause gebraucht.
Doch darüber schreibe ich später.
Nun freue ich mich wieder auf das Schreiben und bin fröhlich dabei.
Jeder Tag sollte wunderbar ausgefüllt sein. An Krankheiten und Gebrechen denke ich nicht, denn davon habe ich genug.
Es gibt viele, viele „Engel“, die mich begleiten und „Einen“ der mich durchträgt.

Neue Heimat

Nordrhein-Westfalen

Meine neue Heimat

Zuerst möchte ich über meine neue Heimat Westfalen berichten.
„Warum in die Ferne schweifen, wenn das Gute und Schöne liegt so nah!“ Man muss nur mit offenen Augen durch die Welt gehen. Bochum wurde unsere neue Heimat, darüber habe ich schon in dem Buch ‚Ein Flüchtlingskind gibt nicht auf!‘ berichtet.
Hier in Bochum haben wir viele Sehenswürdigkeiten, u. a. das einzige Bergbau-Museum auf der Welt. Tausende Besucher vieler Nationalitäten kommen und staunen, man kann in das Grubengelände herunterfahren. Dort gibt es eine Führung, man bekommt einen Einblick in das schwere Arbeitsleben des Steinkohlenabbaus unter „Tage“.

Bergbaumuseum

Man sieht viele Gerätschaften im Museum und erfährt, dass sogar Pferde beim Kohleabbau eingesetzt wurden. Ein Förderturm bringt Besucher auf die Aussichtsplattform. Bei herrlichem Wetter hat man eine weite Aussicht über das Stadtgebiet.

Eine wunderbare Steinsammlung erfreut so manchen Liebhaber. Es ist wahrlich ein „Muss“, dieses Bergbau-Museum zu besichtigen. Unsere Freunde und Besucher vom Norden und Süden unseres Landes, selbst aus Amerika, führten wir in das Museum.

Es gibt nur noch ganz wenige, kohlefördernde Zechen. Das Ruhrgebiet ist eine grüne und kulturelle Landschaft geworden. Die Städte sind zusammengewachsen, und hier gibt es alles, was das Herz wünscht. Die Bezeichnung der “dreckige Kohlenpott“ gibt es nicht mehr!

Viele Industriedenkmäler sind entstanden und werden von vielen Bürgern in der Freizeit besucht, sie sind einmalig, ihre vielseitige Nutzung, nach dem sie neu gestaltet worden sind, wurde von der Bevölkerung rege angenommen.
Meine Schwester Gertrud und ich schauen uns so manche Sehenswürdigkeit hier in unserem nahen Ruhrgebiet an, es birgt viele Schönheiten, man muss sie nur sehen.
Bei der Ruhrtriennale in der Jahrhunderthalle Bochums (ein zentrales Festspielhaus, ehemals der „Bochumer Verein“) werden Schauspiele, Musiktheater, Konzerte,

Literatur sowie Aktionen junger Künstler und Ausstellungen geboten.

Eingang der Jahrhunderthalle

In diesem Jahr gab es etwas Besonderes. Mönche aus Buthan, dem Himalaya, streuten einen großen bunten Sandteppich, ein „Mandala". Man konnte ihnen bei der Arbeit zusehen. Nach Tagen wurde es zerstört und in dem Fluss Emscher verstreut.

Mandalateppich aus buntem Sand

An einem herrlichen, sonnigen Besuchertag haben wir etwas Nettes erlebt:
Es war noch etwas Zeit vor dem Einlass in die Halle. Wir setzten uns vor der Halle auf eine Bankreihe. In dem nahen Zelt sahen wir die Mönche sitzen und frühstückten.
Zu uns gesellten sich Tandemfahrer, alles ältere Herren, sie waren wohl schon eine Weile unterwegs, nun sollte es eine kleine Erfrischungspause geben. Einige Herren setzten sich zu uns und es gab gleich ein nettes interessantes Gespräch. Sie wollten den „beiden Damen" unbedingt etwas bestellen und ausgeben! Es wurde viel gelacht, zu guter Letzt haben wir zu ihrer Beruhigung dann doch noch ein Vitaminbonbon von ihnen genommen. Wir tauschten uns über die früheren, ärmeren Zeiten aus und einer interessierte sich für meine Lebensgeschichte, mein Buch: "Ein Flüchtlingskind gibt nicht auf", aus der schweren, entbehrungsreichen Zeit im

Kriege und auf der Flucht. Nach großer Verabschiedung ging die Radtour weiter. Es war ein schönes Erlebnis, das man oft hat, wenn man nur auf die Mitmenschen offen zugeht.

Es gibt auch viele schöne Schlösser und Wasserschlösser zu besichtigen in unserer Region, das ein wahres Naherholungsgebiet ist. Herrliche Seen laden zu einer Bootsfahrt ein oder einem ausgedehnten Spaziergang, einer Wanderung in die Wälder.

Die Anfahrtswege mit dem Fahrrad sind kurz und das Fahrradnetz ist gut ausgebaut. Auch mit dem Bus, Auto oder der Bahn ist alles gut zu erreichen.
Etwas ganz Besonderes ist die „Villa Hügel", eine Stiftung der Familie Thyssen-Krupp in Essen am Baldeneysee, nur 12 km entfernt. Hier habe ich mit meiner Schwester viele schöne, wichtige Ausstellungen erlebt. Kunstliebhaber kommen auf ihre Kosten.

Es ist ein ganz wichtiges weltweites Unternehmen in der Region. Hier wurde eine 200-Jahrfeier abgehalten mit vielen Persönlichkeiten, Politikern und der Familie B. Die Geschichte der Familie Krupp wurde allen Besuchern bei einem Festakt vorgestellt.
Es gab eine Ehrung des Ehepaares B. für ihre wichtige Arbeit. Sie hatten Tausende von Juden gerettet, indem sie sie vor dem schrecklichen Konzentrationslager bewahrt haben.

Ganz in der Nähe ist der Baldeneysee, ein wahres Naherholungsparadies.

In Kettwig an der Ruhr gibt es einen Wasserbahnhof, viele altwürdige Fachwerkhäuser, sehenswert sind die alten Kirchen. Viele Städte sind bemüht, Altes zu erhalten, aber auch vieles neu zu gestalten. Da ist Kreativität gefragt. Dieser Wandel ist in ganzem Ruhrgebiet und Westfalen zu spüren.

Weite Kreise zogen die Veranstaltungen des Ruhrgebiets: "Ruhr 2010", Essen – Kulturhauptstadt Europas. Viele Städte haben sich für viele Wochen gerüstet, und es gab Musik und verschiedene Kulturangebote.
Am 18.7.2010 wurde sogar die Autobahn A 40 auf 60 km Strecke für 30 Stunden autofrei gehalten. Auf dieser Strecke, von Dortmund bis Essen, bewegten sich Fußgänger und Fahrradfahrer waren zu Tausenden unterwegs.

Etwa 400 Schachtzeichenballons standen am Abendhimmel für die vielen ehemaligen Bergbauschächte. Für die Region Ruhrgebiet war es ein schönes Jahr, denn für jeden war etwas dabei.

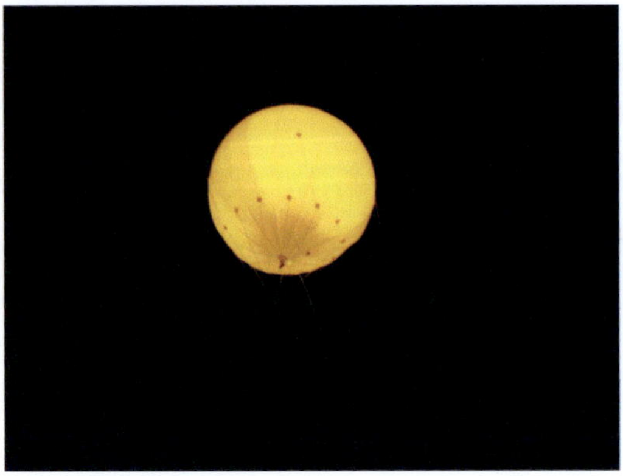

Schachtzeichen im Ruhrgebiet

Ein großes Ereignis war der Evangelische Kirchentag im Ruhrgebiet, bei dem alle Kirchengemeinden der Städte mit einbezogen waren. Auch unsere Gemeinde in Weitmar-Mitte hat sich organisatorisch mitbeteiligt. Es sollten sich Familien melden, die Gäste des Kirchentages für diese Tage unterbringen konnten.
Eine Stelle in Dortmund hat alles aufgenommen und alles lief auf Hochtouren. Wir haben uns auch gemeldet, wollten 2 Personen unterbringen.
Nun kam es für unsere Familie anders. Wir erhielten einen Anruf aus Hessen. Ein bekanntes Pfarrer-Ehepaar wollte gerne bei uns sein.
Schnell musste umgestellt werden und das Ehepaar J. kam zu uns. Wir freuten uns sehr über diesen Besuch.
An verschiedenen Orten, so auch in Essen, hörten die Besucher Vorträge mit ganz verschiedenen Themen. Jung und alt waren zugegen, eine fröhliche, aber auch besinnliche Zuhörerschaft.

Hier war wohl für jeden etwas dabei, z. B. Stärkung für den Alltag und das Leben, was man mitnehmen konnte.
In unserer Gemeinde war was los! Die Frauen der Gemeinde hatten fleißig herrliche Kuchen gebacken. Es gab ein reichhaltiges Büffet:
Viele verschiedene Salate, natürlich auch Kartoffelsalat, Würstchen, belegte herzhafte Brötchen, es gab eben alles, was das Herz begehrt.
Es waren alle ganz herzlich in unserer Gemeinde eingeladen. Da gab es keine Ausnahme.
Gerade war das Gemeindezentrum umgebaut worden. Für die Jugend gibt es Sportmöglichkeiten und vieles mehr. Die Senioren bekamen ein großes Cafe und es gibt Begegnungsräume für alle. So auch bis heute. Viele Ehrenamtliche der Gemeinde unterstützen diese Arbeit mit ihrem Einsatz. Ein lebendiges, fröhliches Gemeindeleben wird hier sichtbar.
Für unseren Besuch war das natürlich sehr interessant, da das Ehepaar aus einem kleinen hessischen Ort kam.
Nach einem Begegnungsabend und einer Besichtigung suchten wir uns einen schönen Platz im Saal zum Essen. Zu uns am langen Tisch gesellten sich auch „heimatlose Menschen". Diese hatten ihre Habseligkeiten in Tüten um sich gelagert.

Wir wurden regelrecht von diesem „heimatlosen" Mann aufgefordert, einmal tüchtig zu essen, denn er meinte, es wäre alles umsonst! Es war eine Freude ihm zuzuschauen, was er „verdrückte." „Einen fröhlichen Geber hat Gott lieb".

Wir fielen nach einem bewegten Tag todmüde ins Bett. Am nächsten Tag blieb ich zu Hause, bereitete das Abendessen vor.

Der Pfarrer, der unser Gast war, kam aus Pommern von der See, seine Mutter hatte ihm immer Hering nach Hausmacher Art und Pellkartoffeln zubereitet. Es sollte eine Überraschung werden. Günters alte Heimat war ja auch Pommern, so wurde es ein langer Abend und der Gesprächsstoff über die Heimat ging nicht aus. Nach einem reichhaltigen Fischessen, was allen sehr gut geschmeckt hat, holte Günter einen klaren Verdauungsschnaps.

Die Tage vergingen wie im Flug. Unser Ruhrgebiet, hat viel zu bieten, dadurch ist unser Gebiet zu einem Ziel für viele Menschen geworden.
Wenn ich heute zurück denke, bin ich sehr dankbar, was ich alles erlebt habe. Deshalb möchte ich es an die Kinder und Enkelkinder weitergeben.
Wir leben heute in einer sehr unruhigen Zeit, trotzdem ist in unserem Land Frieden, das sollte geschätzt werden.

Der zweimalige Bombenalarm!

Wir wohnen im schönsten Viertel von Bochum. Es ist teilweise ein Naturschutzgebiet. Vorne zur Straße ist ein kleiner Wald und hinter dem Haus ein Garten, ein Wirtschaftsweg und ein parkähnlicher Friedhof, angrenzend ein Wald mit schönem Wildgehege.
Als mein Mann im Rathaus nach 47 Jahren Arbeitsleben Pensionär wurde, haben wir unseren Alltag etwas umgestellt.
Wir gönnten uns jetzt ein Mittagsschläfchen, denn wir standen immer früh auf. Schließlich gingen wir beide ja auf die achtzig zu.
Mein Mann hatte schon immer einen wunderbaren Schlaf. Er war noch nicht richtig im Bett, dann hat er schon geschnarcht. Ich habe mir die berühmten „Ohropax“ in die Ohren gesteckt und so haben wir beide nichts gehört und von der Umwelt mitbekommen.
Eines Tages, als wir ausgeschlafen hatten, ging ich in das untere Stockwerk, wollte uns schon den Nachmittagskaffee kochen. Doch da entdeckte ich durch das Glasfenster einen großen gelben Zettel. Ich öffnete die Haustür, es war eine Nachricht von der Polizei.
Ich machte mir Gedanken – die Straßen waren menschenleer, kein Auto zusehen.
Da hatten mich zwei Polizisten entdeckt, sie kamen auf mich zu:
„Ja, wo kommen Sie denn her?“ „Wir haben einen Mittagsschlaf gemacht.“ Für uns eine einfache Erklärung! „Wir haben herrlich geschlafen!“ „Kommen Sie ganz

schnell, alles ist schon evakuiert, man hat eine Bombe gefunden, die entschärft wird."
Es ging dann alles blitzschnell, wir mussten zur anderen abgesperrten Straßenseite, wo mehrere Polizeiautos bereits für den Einsatz standen.
Die Nachbarn wurden alle in einem DRK-Heim untergebracht. Ich konnte dann in einem der Polizeiautos Platz nehmen, mein Mann hat sich noch vor dem Auto sehr gut mit den Beamten unterhalten.
Es waren junge Polizeibeamte aus dem Münsterland. Ach, was hatte ich einen Spaß, es hätten ja meine Enkel sein können. Sie amüsierten sich sehr, dass mein Mann und ich so einen seligen Schlaf hatten. An Gesprächsstoff fehlte es nicht.
Es hat ziemlich lange gedauert, bis die Freigabe erfolgte.
Bochum war im Krieg unter großem Fliegerbeschuss der Feinde. Es liegen noch sehr viele Blindgänger in unserer Nähe, vor allem bei uns gegenüber in dem Wäldchen, hier war ein französisches Kriegsgefangenenlager, es stand unter hartem Beschuss.
Dann kam der nächste Bombenalarm.

Wir hatten sehr alte Nachbarn. Eine Dame war schon 105 Jahre, Ihre Schwester 98 und die Tochter der alten Dame war etwa 75 Jahre. Alle waren von bester Gesundheit, kamen aus der Landwirtschaft und waren harte Arbeit gewöhnt.
Die alte Dame berichtete immer wieder, dass ganz in der Nähe ihres Hofes, wie schon erwähnt, ein Lager

bestand, wo französische Kriegsgefangene untergebracht waren.
Sie bekamen auch einen dieser Franzosen während des Krieges zum Arbeiten zugeteilt. Im Krieg wären sehr viele Bomben in dieses Wäldchen gefallen und wahrscheinlich lägen sie noch als Blindgänger dort.
Deshalb sollte man hier nicht von den Gehwegen abweichen.
Die Lagerfundamente kann man heute noch sehen. Hundebesitzer lieben dieses Waldstück zum Ausführen ihrer Tiere.
Hier liegt auch ein Friedhof. Einer der Bombenalarme war durch das Ausheben eines Grabes ausgelöst worden.
Ein uns bekannter Gärtner war mit seinem Kollegen gerade bei dem Grabaushub, als der jüngere Mann dem Herrn H. zurief: „Schau einmal, hier liegt ein größeres Rohr, ich habe schon darauf rumgeklopft!“ Herr H. schaute auf das dicke Rohr, erkannte sofort die Gefahr, in der sie schwebten.
Da rief er ihm zu: „Komm bloß schnell aus dem Loch, das ist noch ein Blindgänger vom Krieg!“ Schnell wurden die richtigen Maßnahmen zur Entschärfung eingeleitet.
Wieder musste alles geräumt werden. Wir haben auch einen Garten hinter dem Haus, angrenzend einen Wirtschaftsweg, Menschen laufen gerne diesen grünen Erholungsweg.

Von der Entschärfung der Blindgänger konnten gar nicht alle informiert werden, denn es hielten sich viele Anwohner im Garten auf.

So auch die alten Nachbarn, sie lebten in einer Seelenruhe! Mittagessen wurde gekocht, sie störten sich an gar nichts.
„Ja, ja, sagte die alte Dame, das kennen wir, hier liegen noch so viele Bomben“. Was sie wohl alles während des Krieges erlebt hatten? Da haben sie jetzt keine Angst mehr vor irgendwelchen Gefahren... Wie gut, dass nichts passiert war!
Ob wir noch einen Bombenalarm in nächster Nähe erleben werden?

Mein Leben ist so voll von Erlebnissen, die ich doch noch niederschreiben werde, so mir Gott noch etwas Zeit schenkt.
Sehr viele Menschen haben mich angerufen oder geschrieben, die ich nicht kenne. Alle wollen mehr wissen, was ich in 80 Jahren erlebt habe.
Ich bin ein Morgenmensch, brauche keinen Wecker, stehe immer früh auf. Es geht nach dem Sprichwort: „Morgenstund‘ hat Gold im Mund“. Mein Mann schlief gerne etwas länger.

Mein kleines Buch erhielt die Freundin Brigitte in Florida. Sie ermunterte mich, doch weitere Erlebnisse aufzuschreiben. Die Freundschaft zwischen uns ist in all den Jahren nicht unterbrochen worden.
Seit 1954 besteht reger Kontakt. Unsere Familie wohnte noch in einer Mietwohnung eines Gartenbetriebs im 3. Stock.
Es klingelte eines Tages an der Tür, ich traute meinen Augen nicht, denn vor der Tür standen Brigitte und Leo, ihr Mann, aus Kanada leibhaftig vor mir. Sie wohnten damals in Toronto. Wir fielen uns in die Arme, weinten vor Freude. Sohn I. war 3 Jahre alt, hatte schon damals für schöne Autos eine große Vorliebe. Die Überraschung, sie hatten einen Cadillac, ein echtes „Schlachtschiff“, er nahm den ganzen Hof ein! Schnell habe ich ein einfaches, schmackhaftes Essen zubereitet. Gemüse aus unserem Garten, Obst das ich eingemacht hatte.

Günter kam aus dem Büro und staunte nur. Es wurde bis spät in die Nacht von früheren Erlebnissen erzählt. Brigittes Vater war in der Nähe von Zwickau Bürgermeister, er wurde politisch verfolgt. Da musste die Familie schnell über Berlin flüchten. Sie wohnten dann in Recklinghausen, und dort habe ich Brigitte bei einer Firma für Bekleidung kennengelernt.
Ihre Mutter war nicht mehr so jung, als sie noch ein Kind bekam. So wohnten sie alle sehr beengt in einer sehr kleinen Wohnung. Ihre Mutter kochte für alle einen Kessel voll Erbsensuppe, dazu ein Stück trockenes Brot. Man war bescheiden. So war auch Brigitte.
Da hatte der Vater einen Plan. Er wollte mit der Familie auswandern.
Brigitte, die nur ein paar Brocken Englisch konnte, wurde sozusagen gezwungen, nach Kanada zu gehen, damit sie die Familie nachholen konnte. Nach einem Jahr Arbeit bei der Firma mussten wir uns trennen.

Meine Freundin Brigitte

Es war für uns beide schwer. Ich blieb bei der Textilfirma, denn meine Mutter brauchte das Geld für die Abzahlung der Möbel. Wir hatten ja nur Kisten aus dem Lager Puttgarden mitgebracht.
Ich kam manchmal erst nachts um 12 Uhr mit der Straßenbahn nach Hause. Der Fußweg war sehr dunkel, es waren rechts und links nur Felder. Da hatte meine Mutter viel Angst um mich ausgestanden. Todmüde fiel ich dann ins Bett, am nächsten Tag musste ich erst wieder um 9 Uhr in Recklinghausen sein. Keinen Tag habe ich gefehlt, denn ich hatte viel Pflichtbewusstsein.
Brigitte habe ich sehr vermisst. Wir haben uns viel geschrieben. Ihre ganze Familie hatte sie dann nach Kanada geholt. Arbeit haben alle bekommen. Leo, ihren Mann lernte sie in einem Deutschclub kennen, sie heirateten, eine perfekte Ehe, sie ergänzen sich. Arbeit hatten beide.
Nun sind sie öfter wieder in der Heimat, da hier noch Verwandtschaft lebt.
Jetzt tauchte ein neues Problem auf. Ihr Vater hatte keinerlei Geld, konnte auch keine Rente in den USA bekommen. Nun hatte Brigitte an Günter geschrieben, weil sie wusste, es kann ihr nur "Einer" helfen!
Günter hat sich sofort bereit erklärt, an die Stadtverwaltung Zwickau zu schreiben.
Es war nicht ganz einfach, da ja der Vater politisch verfolgt war. Es gab einen regen Schriftverkehr mit der Behörde, schließlich hatte er es doch geschafft und dem Vater wurde eine Rente nach Amerika zugestanden.

Leo und Brigitte waren sehr fleißig, konnten sich ein großes Holzhaus kaufen, dicht am Niagara See. Sie besaßen auch ein Boot. Sohn I. , der nun ein junger Mann geworden war, hatte für einige Zeit eine Arbeit in Detroit. Er beschloss, Tante Brigitte und Leo zu besuchen. Er flog nach Rochester und als er am Flughafen bei der Ankunft durch die Sperre ging, sagte Brigitte: „Das ist Sophie`s Sohn I.“ Er hat soviel von seinem Vater. Sie nahmen sich in die Arme, die Freude war groß.

Sie wohnten auch in einem bewachten Viertel der Stadt, so wurde unserem Sohn bewusst, welche Trennungen in dem Land noch herrschten. Die Rassenprobleme waren nicht gelöst.
In manche Viertel der Stadt ist meine Freundin nicht reingefahren, weil es zu gefährlich war.
Sie fuhren zu den Niagarafällen und unternahmen mit dem Boot schöne Ausflüge. Der Sohn blieb 8 Tage, er hatte viel gesehen.

Sie wohnen jetzt in Florida auf ihrem Alterssitz, in einer kleinen Seniorenwohnung. In Rochester haben sie alles verkauft, denn diese Gegend hat immer viel Hurrikans. In all den Jahren wurden sie verschont vor Verwüstungen.
Doch jetzt haben sie durchgehend 20 Grad, es gibt natürlich auch 40 Grad und soviel Mücken, da kann man in dieser Zeit das Haus kaum verlassen, die Klimaanlage läuft unermüdlich.

In der Zwischenzeit hat sich vieles geändert. Leo und Brigitte sind jedes Jahr für längere Zeit in Deutschland, um der Hitze zu entfliehen.

Nach vielen Bemühungen haben sie mein Buch „Ein Flüchtlingskind gibt nicht auf“ bekommen, haben es ein paarmal gelesen und sich riesig gefreut.

Mein Mann war 50 Jahre hier in Bochum im Gesangverein „Schlegel und Eisen". Jeden Dienstag gab es den „Tag des Herren". Heute ist der Chor zu einem kleinen Häuflein zusammengeschrumpft.
Ein Musikdirektor leitete den großen Chor von 120 Sängern. Bekannte schöne Stücke wurden eingeübt für ein Konzert, so auch „Die Schöpfung„ von J. Haydn. So etwas war eben einmalig. Brechend voll war die Nord-Südhalle bei den Aufführungen.
Leider ist der Musikdirektor aus Essen, der sein Auto besteigen wollte, umgefallen und hatte einen tödlichen Herzinfarkt. Der Chor wurde aber weitergeführt. Obwohl der Chor sehr viel kleiner geworden ist, werden immer noch Konzerte gegeben.
Ein Arbeitskollege meines Mannes leitete einen kirchlichen Posaunenchor. Am 1. Advent war dieser Kollege mit seinen 20 Bläsern immer vor unserer Haustür. Es wurden immer 2 Adventslieder geblasen und wir hörten vor der Tür zu. Als mein Mann gestorben war, war ich sehr überrascht, denn pünktlich standen die Bläser vor unserem Haus, gaben ihr Ständchen. Vor Freude habe ich geweint.
Der Bläserchor hatte immer viel Freude bereitet, auch über die Grenzen Bochums hinaus.
So ergab es sich, dass der Chorleiter eine Adresse von Günter von einer Gemeinde in Buxtehude bekam. Der Pfarrer war wieder ein Neffe von einem anderen Arbeitskollegen. Es wurde ein wunderschönes Wochenende und der Chor wurde im Ort untergebracht. Die

Kirche war so voll, die Menschen mussten sogar stehen.
Mein Mann kannte viele Kollegen aus der Stadtverwaltung, seinem Arbeitsfeld, das er zu betreuen hatte. Weil es sehr viele waren, sagte er zu allen „Herr Kollege“, und alle waren glücklich mit dieser Regelung, denn niemand kann sich sechstausend Namen merken.

Unsere neue Heimat ist ein Juwel. Es gibt viele wunderbare Schlösser. Dazu gehört unter anderem in Bochum der Rittersitz „Haus Laer“. Bei einer Besichtigung haben wir gestaunt, welch ein prachtvolles Anwesen das ist. Mit einem riesigen Rittersaal, in dem man Hochzeitsfeiern ausrichten kann. Hier hat meine Schwester schon einmal gefeiert, im Hauptgebäude, in einem der wunderbaren Räume, die alle glanzvoll ausgestattet sind.
Es gibt eine prunkvolle Hochzeitssuite, einen Raum, der den Namen des Sonnenkönigs Ludwig XIV. trägt, mit einem luxuriösen Bad.

Es gibt auch einen Raum namens „Madam Pompadour“, ausgestattet mit Bildern der damaligen Zeit. Rüstungen und viele diverse andere Sehenswürdigkeiten sind ausgestellt.

Ein herrlicher Park, auch ein Wassergraben und ein Teich umgeben den Rittersitz. Hier kann man riesengroße Karpfen bei der Fütterung erleben. Diese Fische sind sehr groß und schon sehr alt, man könnte sie nicht mehr verzehren. Sehr lustig anzuschauen ist die Fütterung. Die Enten bekommen kaum etwas ab, denn die Karpfen beißen die Enten in die Füße. Ja, so ist der Futterneid eben!

Zu erwähnen wäre noch „Schloss Kemnade“ an der Ruhr und der Kemnader See. Auch hierher ist ein Ausflug immer lohnenswert. Hier gibt es eine Musikausstellung, ein Museum und ein vorzügliches kulinarisches Lokal „Haus Kemnade“, das auch für große Veranstaltungen hervorragend geeignet ist. Von hier aus kann man eine tolle Wanderung zum See unternehmen, was zu allen Jahreszeiten zu empfehlen ist.

Im Münsterland gibt es noch viele Wasserschlösser und -burgen. Etwas Besonderes ist das Schloss Lembeck mit dem großzügig angelegten Rhododendron-Park.

Parkansicht Schloss Lembeck

Es ist wunderbar, im Frühjahr mit all seiner Pracht einen Spaziergang zu machen. Die herrlichsten Blüten, Formen, unzählige großen Büsche, verschiedenste Farben und Arten von Rhododendren sieht man hier. An einem Teich quaken die Frösche und man kann auf den

Parkbänken ein wenig ausruhen. Im Schloss kann man auch einiges besichtigen, wobei ein Teil bewohnt ist. Den ganzen Tag kann man sich aufhalten, Kaffee und „Ristorante“ laden ein. Es ist für das leibliche Wohl gesorgt.

So kann man im ganzen Münsterland Ausflüge und Besichtigungen unternehmen, die vielen Burgen nehmen kein Ende. Viele haben wir besucht. Meine Schwester und ich sind sehr an der Baukunst der früheren Jahrhunderte interessiert. Ja, es ist wohl ein Erbgut von unserem Vater.

Münster in Westfalen ist eine Stadt mit vielen verschiedenen Ausflugsmöglichkeiten. Sie hat eine interessante Stadtgeschichte. Viel besucht ist der Prinzipalmarkt mit seinem historischen Rathaus. Im Friedenssaal wurde 1648 der „Westfälische Friede“, nach dem Dreißigjährigen Krieg geschlossen.

Zu erwähnen ist die Lambertikirche, wo im Jahre 1534 gefolterte und hingerichtete Wiedertäufer zur Abschreckung des Volkes in 3 Eisenkörben aufgehängt wurden. Münster ist eine Stadt der Fahrradfahrer, sie hat die größte Universität Deutschlands und einen schönen Zoo, dessen Besuch sich lohnt. Auch der Weihnachtsmarkt lockt viele in die geschmückte Innenstadt.

Aber auch gleich um die Ecke von Bochum, in Essen-Werden, gibt es eine einmalige Kirche mit vielen Se-

henswürdigkeiten. Es ist ein Benedikterkloster, jeden Abend findet ein besonderer Gottesdienst mit einem seit 1000 Jahren existierenden Gebet statt.
In Essen Borbeck liegt die Kirche auf einer Anhöhe, der Marienaltar ist eine Sehenswürdigkeit.

Die Bochumer Symphoniker hatten hier bisher kein Konzerthaus. Der geschätzte Dirigent Steven Sloane dirigiert seit Jahren die Symphoniker. Jetzt wird doch ein Konzerthaus in Bochum gebaut werden, wofür sich viele Musikfreunde finanziell eingesetzt haben. Das Auditorium der Universität dient zur Zeit den Musikern als Konzerthaus. Die Konzertkarten sind sehr begehrt.

Wir besuchen gerne ein Konzert, so gab es eine Einladung an Silvester von meinem Sohn. Die ganze Familie, auch der Besuch aus Portugal freuten sich auf die Oper „Madame Butterfly" von Puccini.

Neben mir saß mein Sohn. Wunderbare Sologesänge, das Orchester spielte fantastisch!
Ein Seitenblick von mir, was musste ich sehen? Ich musste herzlich lachen, denn neben mir schlief mein Sohn bei tosender Orchestermusik! Da kann man sehen, wie es ist, wenn man übermüdet zur Ruhe kommt!

Im Audimax gibt es für Opernaufführungen leider keine Bühne. Aber es geht dann doch alles, wenn man erfinderisch wird! Selbst Mozarts „Figaros Hochzeit" wurde aufgeführt, vieles ist möglich.

Wir sind in einer Zeit angekommen, jeder Einzelne in der Gesellschaft muss neue Wege suchen und finden. Die Bevölkerung wird älter, der demografische Wandel ist überall zu spüren. Vieles muss in der Gesellschaft überdacht werden, es müssen neue Wege gegangen werden, ja vieles muss neu gestaltet werden, um Platz für jeden zu schaffen. Da müssen junge Menschen oft ins „kalte Wasser“ springen, Veränderungen und Mut beweisen, um etwas Neues zu beginnen.

Ich habe selbst einen jüngeren Sohn, ein Ingenieur, der diesen Mut aufbrachte. Er hat etwas Neues mit seiner Frau entwickelt und ein kleines Unternehmen gegründet.

Auch wir Älteren erleben, dass das Leben eine „ewige Baustelle“ ist. Dabei hilft ein fester Glaube, der „eine Tankstelle“ ist, oft würde man es einfach nicht schaffen.

Die ethischen Werte unseres Lebens sind verloren gegangen. Eine „soziale“ Kälte ist in unsere Gesellschaft eingezogen. Gewaltbereite Täter setzen sich über alles hinweg. Man besinnt sich nicht mehr auf Pflichten, Ehrlichkeit, Anstand und Moral anderen Menschen gegenüber. Ich bin trotzdem ein großer Optimist, schaue nach all den schrecklichen, grausamen Kriegserlebnissen und der Flüchtlingszeit nach vorne. Mein Motto lautet: „Gib niemals auf!“

Ich habe gute und schöne Tage erlebt. Doch sollten „alle“ bei so viel Frieden in unserem Land nicht vergessen, dass es von einem Tag auf den anderen Tag alles anders werden kann. Angst ist ein Phänomen der heutigen Zeit, obwohl es den meisten Menschen so gut geht.

Leider aber haben heute viele Menschen keine Perspektive mehr. Vielleicht ungewollt arbeitslos geworden, durch eine schwere Krankheit, das Leben ist für viele zu schwer zu tragen. Sie fallen in ein tiefes Loch, werden depressiv. Es gibt keine Menschenwürde, Gerechtigkeit, Toleranz unseren Mitmenschen gegenüber, egal welche Hautfarbe und welchen sozialen Stand jemand hat.
Hier tut Hilfe Not: Doch gemeinsam können wir es schaffen!!
Wo ist die Solidarität, Hilfsbereitschaft? Darüber kann man doch sehr traurig sein!

Es kann in unserem Leben nicht immer alles gut gehen. Da geht es durch Tiefen und Höhen, die wir durchleben.
Mein Motto: „ Niemals aufgeben, das Leben wird auch wieder bunt!“

Ein Erlebnis möchte ich hervorheben, welches mein Mann und ich erlebten. Unser ältester Sohn lebte für drei Jahre aus beruflichen Gründen in Brasilien mit seiner Familie. Sein Auslandsvertrag war abgelaufen und er sollte wieder nach Deutschland zurück.

Am Abend trank er noch ein Bier mit zwei seiner jungen Chefs in Rio de Janeiro, danach wollten sie alle nach Deutschland fliegen.
Er hatte noch etwas zu erledigen und nahm eine spätere Maschine von Rio de Janeiro nach Paris.
Doch dann passierte es: Das Flugzeug A 380 von Rio de Janeiro nach Paris, in dem seine beiden Chefs mitgeflogen waren, stürzte mit 128 Fluggästen an Bord in den Atlantik.
Nach langer Suche fand man erst viel später das Wrack in 3ooo Meter Tiefe auf dem Meeresgrund.

Wir warteten auf unseren Sohn, wir hatten diese schreckliche Nachricht über die Medien gehört. Welch ein Schreck und Schock für uns!!
Doch unser Sohn rief uns noch in der Nacht an. Er wurde wie durch ein Wunder Gottes gerettet. Er hatte wahrlich einen Schutzengel!!
Meine Gebete begleiten alle, ob in der Ferne oder Nähe. Es sind Fügungen und keine Zufälle!! Doch viele Menschen verlassen sich nicht mehr auf die Höhere Macht.
Unsere Dankbarkeit war groß, man kann es gar nicht genug sagen und beschreiben.

Durch diesen Schreck bekam mein Mann gleich am nächsten Tag eine heftige Gürtelrose.
Doch unser Sohn wollte der Familie und den Freunden aus Dankbarkeit auch eine Freude bereiten. Er lud alle in ein brasilianisches Lokal nach Düsseldorf ein. Eine

kleine Dankesrede an die Geladenen folgte. Es gab einheimische Köstlichkeiten aus Brasilien.
Einige Sambatänzerinnen mit ihren bunten Kostümen sorgten für Heiterkeit in der Runde. Großen Spaß gab es, als ein Enkel von einer Tänzerin aufgefordert wurde, mit ihr zu tanzen. Er reichte ihr mit seiner Größe nur bis zur Hüfte, legte seine Hand auf das Gesäß und tanzte wie verrückt, ganz ungeniert.
Das war eine „Gaudi“. Ein anderer Enkel saß neben mir, wir lachten voll Herzenslust!

Familie

und

Verwandte

Anlässlich der Goldenen Hochzeit von Tante Grete und Onkel Franz machten wir eine Reise in die „Deutsche Demokratische Republik".

Diese Reise werde ich nie vergessen, sie war mit sehr vielen Schwierigkeiten verbunden. Es war alles nicht so einfach.

Wir haben nach einer Einladung der Verwandten einen Antrag mit sehr vielen Fragen ausfüllen müssen.

Da Günter im Rathaus gearbeitet hatte, war er ja ein „Geheimnisträger" und durfte nicht bei den nahen Verwandten sitzen, sie waren alle in der Partei (SED). Abgeordnete der Partei waren auf der Feier, alles wurde beobachtet. Es war ein beklemmendes Gefühl! Man fühlte sich nicht frei, es kam so keine rechte Stimmung auf, als der Cousin dann einige Lieder auf dem Akkordeon spielte.

Schon an der Grenze hatte der Grenzschutz unser Auto ganz auseinander genommen. Alles musste raus! Am Luftfilter waren ein paar Fingerabdrücke zu sehen, es war etwas Staub drauf. Nun musste Günter alles aufmachen und zu allem Unglück fiel ihm auch noch eine Schraube aus der Hand, er wurde ganz nervös und suchte auf dem Boden nach dieser Schraube. Die Rücksitzbank wurde hochgehoben, sie suchten nach versteckten Materialien. Günter hatte einen großen Bestands-Mitnahmezettel geschrieben, es handelte sich um Geschenke für die zahlreichen Verwandten.

Für jeden hatten wir eine Kleinigkeit besorgt. Sogar für die Feier hatten wir etwas mitgenommen. Wir wussten,

was nötig war, da wir seit 1961 immer Pakete geschickt hatten: Gläser mit eingelegtem Gemüse, Mixed Pickles, Cola, Saft, Kaffee und einiges mehr.
Es wurde alles durchsucht. Wir wurden immer stiller und leiser auf der Fahrt! Über den Brücken waren große Transparente angebracht:
„Die Kraft des Volkes, für das Wohl des Volkes“
So hatten wir uns das nicht vorgestellt!

In Grunow wurden wir schon sehnlichst von unseren Verwandten erwartet.
Tante und Onkel wohnten in einer alten Scheune, in winzigen, dunklen Räumen, unten Küche und Wohnzimmer in einem Raum.
Tante Grete ging in die Hocke, drehte sich im Kreis und sagte nur:
„Schaut, das ist mein Reich!“ Ich war sichtlich erschrocken. Alles was ich sah waren Dinge, die ich geschickt oder die sie bei Besuchen von uns mitgenommen hatte.

Es wurden alle Fenster geschlossen, damit niemand hören konnte, was gesprochen wurde. Eine schmale Treppe führte nach oben auf den Dachboden, überall sah man Löcher, wo Wind und Regen durchkamen. Es gab nur einen winzigen Raum zum Schlafen.
Onkel Franz hatte aus Platzgründen das Ehebett absägen müssen, von der Tür musste man in das Bett steigen. An der linken Seite stand ein Eimer für die Notdurft und eine Waschschüssel. Unsere Augen wurden immer „größer“, wir dachten: „Alles was recht ist.“

Andererseits war alles gut durchdacht und in Eigenbau entstanden. An einem kleinen Fenster war ein langes Band angebracht, das zum Hühnerhaus führte. Wenn es morgens gezogen wurde, konnten die Hühner aus dem Stall.
Onkel Franz und Tante Grete konnten etwas länger im Bett bleiben. Wir haben alles bewundert und staunten nur über die Bescheidenheit und den Einfallsreichtum der beiden alten Leute. Was sollten sie auch machen, es reichte ja gerade für das Nötigste.
Die Toilette im kleinen Garten war ein „Plumpsklo", wo der Wind durch alle Ritzen wehte, hier hatte man immer „frische Luft". Bei einer längeren „Sitzung" konnte man die kleingeschnittene, sozialistische Zeitung studieren…
Die Feier der goldenen Hochzeit fand in einer Gastwirtschaft gegenüber der Wohnung statt. Als erstes fiel mir die Kirche auf, die daneben stand. Sie war mit Brettern zugenagelt, ein Schock für Günter und mich! Die Straße war nur ein ausgefahrener Weg. Bei Regen spritzte der Dreck bis an die Scheiben der Gastwirtschaft.
Die Suppe des Mittagessens hatte Tante Grete aus ihren Hühnern gekocht. Während das Fleisch angeliefert wurde, durch ein Tauschgeschäft gab es auch Aal zu essen. So wurde damals eben immer vieles getauscht.

Günter träumte von einem besonderen Auto. Lange mussten wir darauf sparen. Es war ein weißer „Opel Coupé" mit fließendem Hinterdach. Hier in Grunow

erregten wir damit großes Aufsehen. Ich sah, dass ein Lkw mit Russen ganz langsam vorbeifuhr, sie standen auf, unser Auto machte sie neugierig. Sie hatten so ein Fahrzeug wohl noch nicht erlebt!
Unser Auto hatten Irma und Heinz, Günters Cousin, in ihrer Scheune eingeschlossen. Hier haben wir auch geschlafen.
Weitere Verwandte konnten keine Einladung aussprechen, da sie alle in der Partei waren.

Es waren schöne Tage, wir lernten die Gegend kennen. Herrliche Wälder, wir lernten eine vielfaltige Vogelwelt kennen, Vögel, die es bei uns nicht gibt, so zum Beispiel den Pirol, den Kuckuck, auch Störche in großer Zahl. Die Verwandten hatten einen schönen Schäferhund, der uns bei den Waldspaziergängen begleitete. Im Dorf gab es sowieso keine Autos. Auf einen „Lada“ mussten die Menschen 15 Jahre warten.
Es handelte sich bei allen Gegenständen immer um Massenproduktion. Egal, was es war, alle hatten dann den selben Hut oder einen anderen Gebrauchsgegenstand.
Onkel Franz war bei der Bahn, sammelte an der Bahnstrecke Papier und Plastik. So hatte er freie Fahrt bei der Bahn, so konnten Tante und Onkel zu uns in den Westen reisen.
Kam ein Paket von uns an, war es so groß, so dass der Onkel mit dem Handwagen zur Post fahren musste. Das war immer für alle eine Freude. Ich hatte durch meinen Bekanntenkreis viele gute Kleidungsstücke bekommen,

die Frauen schenkten mir diese sehr guten Stücke, ich schickte sie dann in die DDR.
So konnten wir ihnen ein wenig helfen. Man konnte nur ahnen, wie viele der Bürger unter dem System gelitten haben…

Auf unserer Heimreise hatten wir ein Erlebnis auf der Autobahn:
Ein großer Lkw aus Polen fuhr an uns vorbei und ein Stein schleuderte in unsere Frontscheibe. Ein heftiger Knall, das Glas wurde in kleine Stücke gesprengt. Welch ein Schreck, oh je! Man sah augenblicklich nichts mehr.
Wir fuhren zur Seite, gleich kamen die Grenzer auf Motorrädern und geleiteten uns auf einen Parkplatz. Man konnte uns leider nicht weiterhelfen, sie gaben uns nur eine Kehrschaufel und einen Handfeger.
Da war guter Rat teuer! Ein Reisender half uns mit Plastik aus, aber wegen des Fahrwinds war das keine Lösung.
Günter, unser Fahrer, setzte meine rote Baskenmütze auf, ich saß auf der Rückbank auch mit Mütze. Nun fuhren wir ganz ohne Schutz. Es waren noch 160 km bis zur Grenze in langsamer Fahrt. Es sah bedrohlich nach Regen aus. Das war auch ein Problem! Wir dachten: „Hoffentlich schaffen wir es noch bis zur Grenze im Trockenen.“ An der Grenze staunten die Kontrollbeamten und entließen uns schnell, nahmen Kontakt mit dem ADAC auf, wir bestellten eine Scheibe, die erst am nächsten Tag eingesetzt werden konnte. Eine

Übernachtung im Hotel mussten wir einplanen. Mit einem wunderbar reparierten Auto ging die Heimreise weiter. „Ein Stein fiel uns vom Herzen!“ Wieder eine Bewahrung! Ein Schutzengel!
Die Reise habe ich bis heute nicht vergessen.

Die Zeit, von der ich nun berichte, liegt weit zurück. Ich habe aber alle Erzählungen meiner Mutter noch gut im Gedächtnis.
Als ich Kind war, hatte meine Mutter mir schon viel von ihrer Familie berichtet. Vater Adolf Albrecht und seine Ehefrau Amalie geb. Mikley, wohnten in Lehmstett, Kreis Konin.
Meine Mutter, selbst noch ein Kind, hatte schon viel Not durchmachen müssen.
Sie wurde mit 10 Jahren Vollwaise. Beide Elternteile sind nach einem Hausbrand binnen 4 Wochen an einem Herzschlag gestorben. Sie waren Tagelöhner und hatten ein kleines Anwesen. Es verbrannte alles bis auf wenige Habseligkeiten.
Sie hatten vier Kinder, zwei Töchter, Olga und Marta, die zu der Zeit schon nicht mehr zu Hause waren.
Die beiden noch minderjährigen Kinder, Emma, 10 Jahre und Adolf, gerade 2 Jahre, mussten zu einer Verwandten mütterlicherseits, die keine Kinder hatten.

Mit 10 Jahren musste Emma schon erwachsen sein. Sie hat uns später als Mutter ein Liedchen vorgesungen, was sie aus Kindheitstagen kannte, welches doch einen tiefen Sinn hatte.
"Emilie wollt zum Krämer laufen, wollt für die Puppe Kleider kaufen. Da trifft sie einen armen Mann. Gibt das Geld dem armen Mann und zieht der Puppe die alten Kleider wieder an." So gab sie uns Kindern ein Beispiel für soziales Verhalten mit auf den Weg, nämlich für andere, ärmere Menschen da zu sein.

Tante Krenz war alt und krank, sehr schwach, saß in einem Rollstuhl, hatte eine Herzkrankheit. Mutter erinnerte sich an blaue Lippen. Trotz ihres Gebrechens war sie geduldig, mitleidig und sehr gottesfürchtig.
Da hatte meine Mutter schon früh zugreifen und alle bekochen müssen. Die Tante gab Anweisungen von ihrem Rollstuhl aus.

Der Onkel besaß eine Schmiede im Dorf Lehmstett, zwei Gesellen unterstützten ihn bei der schweren Arbeit, denn es gab viele Bauern im Dorf mit landwirtschaftlichen Maschinen und Pferden, die ja beschlagen werden mussten.

Es war eine schwere Zeit für Mutter, die Schule fiel ganz aus, nur im Winter durfte sie 2 Stunden am Tag gehen. Es gab keine Schuhe, nur ein paar Holzpantoffel und ein Kleid zum Weihnachtsfest. Alltags lief man barfuss, im Haus gab es nur einen Lehmboden, der täglich mit Sand bestreut und gefegt wurde.
Mutter kochte und passte noch auf den kleinen Bruder Adolf auf.
Die Gesellen und der Onkel haben bald gemerkt, wie gut die Buttermilchsuppe „Polifka“ bei ihr schmeckte. Mutter schöpfte die Sahne von einem großen Butterfass ab, gab sie in die Suppe. Da erntete sie viel Lob für die gute Mahlzeit. Die Tante wusste aber nichts davon.

In Lehmstett lebten die zwei Schwestern von Mutter, die aber alle sehr viel älter waren und bei dem Brand nicht mehr zu Hause lebten.
Viele Jahre lebte Mutter bei der alten Tante, bis sie starb. Als sie dann nach Lehmstett zu den anderen Geschwistern zog, kochte sie bei vielen Familien. Sie wurde in all den Jahren zu einer perfekten Köchin. Auch in einer jüdischen Familie führte sie den Haushalt. So kannte Mutter etliche jüdische Gerichte.
Ich erinnere mich ja immer noch an den „Karpfen auf jüdisch" den es zu Weihnachten bei uns gab, mein Vater mochte ihn so gerne.
Später auf einem Gutshof war sie Hauswirtschafterin, kochte dann für viele Menschen, die dort arbeiteten.

Nach Jahren lernte sie meinen Vater kennen, der dort auf dem Gut als Malermeister arbeitete. Dieses Gut war ein kleines Schloss, wo es viel zu renovieren gab. So saß er natürlich auch an ihrem Tisch.
Bekanntlich geht ja die Liebe durch den Magen. Vater verliebte sich nicht nur in die schmackhaften Gerichte, sondern auch in die Köchin Emma.
Die Geschichte endete später in einer glücklichen Ehe.

Die Heirat mit meinem Vater brachte Mutter, die bis dahin auf dem Lande gelebt hatte, in die Stadt Posen. Die Eltern waren bei ihrer Heirat auch nicht mehr so jung, Vater 10 Jahre älter als Mutter. Beide hatten viel Lebenserfahrung gesammelt.
Mein Vater war schon als junger Mann im 1. Weltkrieg, kämpfte 4 Jahre an verschiedenen Fronten, geriet dann zwei Jahre in England in Gefangenschaft. Vor der Meisterprüfung als Maler musste er sieben Jahre auf Wanderschaft gehen, so lernte er Land und Leute kennen. Freude und auch manche Enttäuschung prägten sein Leben.

Nach diesem vielen Leid verwöhnte Vater meine Mutter sehr. Mutter besaß die schönsten Kleider, Schuhe mit hohen Absätzen liebte sie sehr, blieb aber bescheiden und hatte immer ein Herz für andere Menschen. Dazu war sie sehr großzügig. Sie liebte die Großstadt sehr, obwohl sie ja vorher immer auf dem Land gelebt hatte, vergaß aber ihre Geschwister nicht, die in Lehmstett mit ihren Familien lebten.
In den Kriegsjahren besuchten uns die erwachsenen Söhne der Geschwister in Posen.
Alle drei Söhne der Schwestern waren bei der Panzerdivision eingesetzt. Ihren Fronturlaub verbrachten sie bei meinen Eltern, bei uns in Posen. Für mich und Heinz waren es schöne Tage, an die ich mich noch recht gut erinnern kann. Mutter verwöhnte sie mit gutem Essen.

Mutters Bruder Adolf sah meiner Mutter sehr ähnlich, nur in der Körpergröße überragte er sie. Er wurde Dentist, regulierte seiner Schwester Emma später die Zähne. Er liebte besonders Mutters Küche und schätzte die gute Unterhaltung mit unserem Vater. Auch Onkel Adolf wurde eingezogen, diente bei der Infanterie und ist bei Stalingrad gefallen.
Mein Vater war sehr erschüttert und traurig darüber, denn er mochte seinen jungen Schwager besonders gerne.

Es war für uns alle eine traurige Zeit, da uns alle paar Monate eine traurige Nachricht, von einem gefallenen Familienmitglied erreichte.
Schließlich waren alle männlichen Glieder der Familie Albrecht ausgelöscht…

Jetzt möchte ich noch etwas über die Familie meines Vaters erzählen.
Mein Urgroßvater Karl-Wilhelm Rothe war in Rogasen Orgelbauer. Er war sehr angesehen. Die ganze Familie erreichte ein hohes Alter bei guter Gesundheit. Auch hier gaben sie den Kindern Gottvertrauen und eine religiöse Einstellung mit auf den Weg und waren ihnen fleißige Vorbilder.

Meine Großeltern, Karl Rothe und Vinzentina-Anna waren stattliche Menschen, sie heirateten im Jahre 1886, wohnten auch in Rogasen. Großvater war Schuster und besaß eine Schuhmacherei in der Stadt.

Mein Vater erzählte Heinz und mir folgende Geschichte: Als Kinder mussten sie vor dem Frühstück erst in die Kirche gehen. Großvater war streng katholisch, gläubig und lebte im Alltag danach.
Es herrschte das Motto:
„Bete und arbeite." So wurden auch die Kinder erzogen! An den Sonntagen ging die ganze Familie in feinster Kleidung in die Kirche.
Auch in anderen Dingen hatte er seine Prinzipien. Als Familienoberhaupt war er sehr bestimmend und streng.
Familie Rothe hatten vier Kinder. Anna, Maria, Boleslaus und Stefan.
Im Nationalsozialismus ging die Angst um!
Bruder Stefan war mit dem Hitlerregime in Konflikt geraten, wurde eines Tages von der SS abgeholt, man erfuhr nichts mehr trotz Nachforschungen, er war wie

vom Erdboden verschwunden. Ja, so war es eben während des Nationalsozialismus.
Es wurde nicht darüber gesprochen, man durfte nichts äußern, alles nur hinter verschlossenen Türen besprochen.

Als meine Eltern in Posen heirateten, lebten die Großeltern nicht mehr. Großvater war in Jahr 1930 in Samter gestorben.
Mein Vater nahm mich oft zu Besuchen bei seinen zwei Schwestern mit.
Anna war 10 Jahre älter, Hebamme, auch wohnhaft in Rogasen. Hier hatte der Onkel einen Friseurladen.
Er starb früh an einer Lungenerkrankung. Aus dieser Ehe gingen drei Kinder hervor, zwei Jungen und ein Mädchen.
Tante Anna und Vater waren sehr verschieden und so gab es viele Diskussionen, wenn sie zusammen kamen.
Da konnte es auch schon mal laut zugehen.
Ich liebte aber diese Tante sehr.
Während des Krieges war es gut, dass wir Verwandte auf dem Lande hatten, so konnten wir immer etwas tauschen und überlebten besser als andere in der Stadt.

Tante Maria, die jüngere Schwester, war Schneiderin, lebte auch in Posen. Sie nähte für Mutti und mich herrliche Kleider.

Ich erinnere mich noch ganz deutlich, dass wir in Posen ein großes Bild von den Großeltern Rothe hatten.

Den Großvater sah man mit einem „Kaiser-Wilhelm-Bart“, Großmutter war eine stattliche, korpulente Dame mit einem feinen schwarzen Kleid, oben mit reichlich weißem Spitzenbesatz. Das Haar war zu einem großen Haarknoten aufgesteckt.
Dieses Bild machte mir als Kind immer großen Eindruck.

Mein Bruder Heinz war nur ein Jahr jünger als ich und schon immer ein begabter Techniker. Er hatte diese Gaben von väterlicher Seite geerbt.
Später hat er alle Handwerksarbeiten angenommen und ausgeführt.
An einem Weihnachtsfest habe ich eine wunderschöne Puppe mit herrlicher Lockenperücke bekommen.
Die Augen gingen auf und zu, wenn man sie hinlegte.
Heinz war nun sehr neugierig, er hatte den Drang, einmal zu sehen, wie das so mit den Augen funktionierte. Er war voll Wissensdurst! In einem unbeobachteten Augenblick, in dem er alleine war, nahm er die Perücke ab, hatte die Augen rausgenommen und untersucht.
Er hatte sein technisches Wissen erweitert, von meiner Seite gab es nun ein großes Geheule. Die Puppe musste dann zur Reparatur zum“ Puppendoktor“.
Nur Vater und Mutter hatten großes Verständnis, denn jedes Kind hatte verschiedene Gaben. Beide haben aber nicht viel geschimpft.

Mutter wurde in Posen wehrverpflichtet, bei der Feldpost musste sie die Briefe sortieren. Da waren wir Kinder oft alleine.
Aber auch ich war nicht untätig, hatte der Puppe die schönsten Kleidchen genäht. Dafür zerschnitt ich einfach die besten Unterröcke von Mutter, die eigentlich im Krieg Mangelware waren…
Da zeigte sich schon früh, meine besondere Vorliebe für die Schneiderei.

An einem unvergessenen Tag spielten wir beide, mein Bruder und ich, Friseur. Heinz stellte sich bereitwillig als Kunde zur Verfügung, denn ich war der Friseur.
„Schwipp, Schwapp, Schwupp die Wupp“, habe ich meinem Bruder eine neue Frisur verpasst.
Heute würde man sagen, er wäre unter die „Hippies“ gegangen.
Nun sollte ich an die Reihe kommen, es gab Streit, ein großes Geschrei, denn ich wollte auf keinen Fall meine Locken abschneiden lassen. Nun heulten wir beide.

Als die Eltern kamen, waren beide entsetzt, Vater schnappte sich seinen Sohn und ging mit ihm zum Friseur, denn so konnte er ja nicht rumlaufen. Der Friseur musste sich einen außergewöhnlichen Schnitt einfallen lassen. Ja, so ist es eben, wenn Kinder ohne Aufsicht sind!

Auch mein jüngster Sohn U. hat diese technische Begabung geerbt. Wie man so sagt, einfach „Goldene Hände“! Aus diesem Grund erkannte man schon sehr früh seine Begabung.
Da hat er als zweijähriger bei seinem „Topfgeschäftchen“ im Badezimmer seiner Großmutter an den Knöpfen der Waschmaschine gedreht. Er war ganz stolz, dass es tickte! Er sagte immer: „Ticki, ticki“.
Ein anderes Mal drehte er an den Schrauben, die wohl schon etwas gelöst waren und Oma dachte, er spielt ganz lieb mit Wäscheklammern.

Er wurde Dipl.-Ingenieur für Maschinenbau und war sehr schnell fertig. Er war zuvor zwei Jahre bei der Bundeswehr. Seinen Einsatz hatte er in Alhorn auf dem Flugplatz, hatte die großen Transallflugzeuge mit Gütern beladen, eine Millimeterarbeit. Hier machte er den Lkw-Führerschein, der bei seinen späteren Aushilfstätigkeiten sehr hilfreich war.
Mit 24 Jahren war er mit seinem Studium fertig, bekam die erste Stelle in Franken / Schweinfurt bei „Kugel Fischer".
Seit seinem 12. Lebensjahr war er in einem Sportverein aktives Mitglied, ein Rennrad war sein ständiger Begleiter, er nahm an vielen Rennen teil.
Es war für mich ein hartes Jahr. Auch Sohn I. war mit dem Wirtschaftsstudium fertig und ging danach gleich nach Süddeutschland. So wurde unser Haus ziemlich still und leer.
Aber nur für kurze Zeit!!!

Auch meine liebe Mutter, wenn sie bei uns weilte, hatte immer viel Spaß mit ihren Enkeln und mit ihrem Schwiegersohn.
Günter war ihr sehr zugetan. Meine Mutter hat mit meinem Mann gerne einen Krimi im Fernsehen angeschaut. Ich zog mich immer an diesem Abend zeitig zurück! Zu der damaligen Zeit gab es die Serie, „Maigret", einen Kommissar aus Frankreich, der alle kriminellen Geschichten aufklärte. Die Straßen waren zu der damaligen Zeit wie leergefegt. Beide hatten ihren Spaß und bei dieser Gelegenheit haben die „Zwei" einen

Schnaps getrunken. Mutter war der Meinung das er gut für die Verdauung des Abendessens sei.

Bei den Besuchen, wenn wir auch mit Bruder Heinz zusammen kamen, hat er mit mir dann ein Gläschen „Strothmann“ getrunken.
Er war der Meinung, „einer“ sei gut für die Gesundheit. Wenn man erkältet sei, vertreibe er die Bakterien, was er besonders gut fand.
Leider hat uns der Bruder sehr schnell verlassen, aber seine Hilfe, Worte und Taten, die leben in uns weiter.
So werden wir an vieles erinnert und vergessen ihn nicht.

Nun möchte ich Ihnen den“ außergewöhnlichen“ Kater Luigi vorstellen:
Er lebt in der Familie unseres Sohnes, ein besonders schlaues Tier und fühlt sich in der Familie pudelwohl, weil er so recht geliebt wird. Jeder gibt sich mit ihm ab und spielt mit ihm, da wird er ganz nervös und angriffslustig. Seine Augenpupillen werden ganz groß und funkeln. Er versteht beides, Deutsch und Portugiesisch.
Das muss man selbst erlebt haben: Es entgeht ihm eigentlich nichts! Er passt auf alles gut auf. Man braucht keinen Hund, er ersetzt ihn, denn Luigi setzt sich vor die Tür und beobachtet den Flur.
Zuvor hat er von einer Kommode einen Satz auf die Türklinke unternommen und schon ist die Tür geöffnet. So hat man sich immer gewundert, dass die Wohnungstür offen stand. Abhilfe wurde geschaffen, indem man nun den Drücker senkrecht verdreht hat.
Selbst die Fliegen haben ein unruhiges Leben bei ihm, er jagt sie alle. Nichts ist vor ihm sicher, was sich bewegt.
Luigi kam aus dem Tierheim, wie ein kleiner Tiger schaute er aus, er war sehr mager, doch der Tierarzt hat alles Wichtige bei ihm gemacht und nun in der Zwischenzeit, ist er ein „Millionär“ geworden, wie Mauro sagt. Er besitzt alles, was ein Katzenherz begehrt. Eine wunderschöne große Wohnung, Katzenbaum, einen eigenen Sessel mit Fell und einen Balkon.

Dieser Balkon wurde ihm einmal zum Verhängnis. Vor dem Haus ist ein kleiner Park. Meine beiden Enkelkinder Mauro und Flavio spielten Fußball, Luigi sah sie, wollte mitspielen und sprang vom 1. Stock, dabei hatte er sich eine Pfote schwer verletzt. Er wurde zum Tierarzt gebracht, der ihn versorgten musste. Das hat er sich aber hinter die „Ohren geschrieben," er springt nicht wieder, denn aus „Schaden wird man klug." Jetzt ist sein Beobachtungsposten die breitere Balkonbrüstung.

Mein Sohn steht sehr früh auf und der Kater streicht um seine Beine.
Jetzt bekommt er nur eine kleine Portion Katzenfutter und dann hat der Sohn Ruhe und kann ins Bad gehen.
Mauro ist die Bezugsperson, er hat eine ganz besondere Stellung bei Kater Luigi eingenommen. Er darf vieles bei ihm anstellen, was andere nicht dürfen. Luigi legt sich bei ihm auf den Schoß und lässt sich kraulen.
Die Kinder haben jetzt ein Wasserbett, was immer schön warm ist, bekommen. Das ist für „Katerchen" das Allerschönste. Er streckt sich und reckt sich, trotz Vertreibung springt er in das warme „Nestchen", und geht immer seltener in seinen Sessel, der ihm gehört. Zur Beobachtung liegt er auf seinem Katzenbaum, pflegt hier sein Fell und die Krallen.

Mauro sagt: „Ja, der hat es gut, den ganzen Tag schlafen, „Nichtstun" und dazu noch ein Millionär sein. So ein feines Leben!

Ich glaube, Luigi ist eins der klügsten und lustigsten Tiere im Revier.

Kater Luigi

Nun muss ich noch etwas vom “begeisterten Fußball“ unserer Familie erzählen.

Mein Enkel Daniel hat sich schon seit frühen Kindheitstagen dem Fußball verschrieben. Er hat sich für den Schiedsrichter entschieden. Er wurde erst bei den Jugendmannschaften auf den verschiedensten Fußballplätzen eingesetzt und war dann in der Sportschule Kaiserau bei Unna, zur Ausbildung, danach war er in der Kreisliga unserer Umgebung eingesetzt.

So haben wir alle hautnah die Geschehnisse auf den Fußballplätzen erlebt, es war immer ein besonderes Erlebnis. Es gab auch manchmal eine Rote Karte sowie Schlägereien nach dem Spiel. Unter dem Schutz der Platzhüter musste er vom Platz gebracht werden, wir waren die „Bewachung“ dann danach.
Nun lebt er in Düsseldorf, arbeitet bei einer Wirtschaftsgesellschaft und in seiner Freizeit geht er noch zum „Pfeifen“ auf den Fußballplatz.
Mauro, ein Enkel, spielt auch in einem hiesigen Fußballclub in der Jugendmannschaft.

Mit meinem Mann fuhren wir viele Jahre nach Lauenburg zum Treffen seiner Heimatstadt Zanow/ Pommern. Dort traf er viele Schulfreunde. Es fand in einer Mühle mit einem großen Saal statt.
Sie hatten sich sehr viel zu erzählen aus ihrer Kindheit und der heutigen Zeit, oft bis zum späten Abend.

Ich habe die Zeit genutzt und bin nach Lüneburg gefahren. Es waren ja nur 30 km, die ich mit der Bahn fuhr. Auf dem Bahnhof lernte ich eine Dame kennen, während wir auf einer Bank saßen und auf den Zug warteten, sehr vertieft in ein interessantes Gespräch. Da fuhr ein Zug in den Bahnhof ein, der „grölende Fans" zu einem Fußballspiel nach Hamburg brachte. Die Fenster wurden auf gerissen, böse Schimpfworte fielen.
Die ersten Bananen flogen durch die Luft, sie bewarfen uns regelrecht damit und, wohl schon angetrunken, schrien sie „Ihr Asozialen"!!

Wir waren sehr erschrocken, ja entsetzt. Welch ein Benehmen! Nun sammelten wir die Bananen ein. So wurde dieser „unerwartete Bananenfund" der für uns erst als Beleidigung galt, zur guten Gabe. Für den Tag waren wir mit Obst versorgt. Fröhlich gingen wir auseinander.

So sollten doch die Ausschreitungen und Krawalle, die auch auf den Fußballplätzen und Stadien immer mehr zunehmen und für Unmut sorgen, nicht enden. Das ist doch kein Spaß mehr, wenn viele Verletzte zu beklagen sind, Ordnungshüter und Polizisten, die friedliche Absichten haben, unter Gewalt leiden?

„König Fußball“

Lüneburg ist eine wunderschöne alte Hansestadt. Jedes Jahr besuchen viele Touristen diese historische Stadt.

Ich schloss mich einer Stadtführung an und erfuhr etwas über die Geschichte der Stadt, lernte sie richtig kennen, z. B. das historische Rathaus mit der Deckenmalerei. Ich erfuhr, wie wertvoll und wichtig das Salz war, das als „weißes Gold“ galt und Jahrhunderte ein wichtiges Zahlungsmittel war.
In der russischen Besatzungszeit 1945 haben wir als Familie rotes Viehsalz zum Würzen verwendet. Es gab nichts anderes, um etwas Geschmack an Pilze aus dem Wald, von denen wir uns ernährten, zu geben.
Hier in Lüneburg gibt es viele Handelshäuser, die auf dem Giebel einen Giebelhaken haben. Hier gab es einen Lagerraum für viel kostbares Salz. Die Säcke waren alle sehr schwer, für die Männer eine richtige Knochenarbeit.
Der Grund und Boden von Lüneburg ist ganz ausgehöhlt und so ist es erstaunlich, dass viele Stadtteile sich gesenkt haben. Selbst in einer Kirche musste ein Pfeiler im Innengewölbe gestützt werden.
Eine Apotheke aus dem 17. Jahrhundert ist noch zu erwähnen, die Einrichtung ist noch im Original zu sehen.
Kaum zu glauben, was dort für Hafenanlagen sind. Es muss ein reger Schiffsverkehr geherrscht haben. Die großen Speicher verraten viel von der alten Zeit, hier war ein großer Salzkran zu besichtigen.
Müde und voller Eindrücke zog ich durch die Straßen dem Bahnhof entgegen.

In den 60-er Jahren war unsere Mutter, die in Datteln wohnte, häufig unser Gast. Sie wollte Anteil und Freude an ihren Enkeln haben. Mein Mann holte sie dann mit dem Auto ab. So geschah es wieder einmal. Während der Autofahrt blieb das Auto einfach stehen. Oh je, was nun? Mein Mann hatte total vergessen, dass er kein Benzin mehr hatte, denn die Tankuhr zeigte nicht mehr richtig an. Jetzt war guter Rat teuer, mitten auf der Landstraße und weit und breit keine Tankstelle in Sicht! Mutter blieb im Auto sitzen und Günter lief eine Tankstelle suchen. Von da an gab es einen Reservekanister.

Meine Mutter, die gerne Auto fuhr, sagte jedes Mal, wenn sie in ein Auto stieg: „Habt ihr auch noch genug Benzin?“ Später haben wir darüber oft gelacht.

Als meine Schwester Gertrud dann Autofahren konnte, kamen sie uns auch in Bochum besuchen. So hörte ich dann, wie aufmerksam sie alles beobachtete, sehr gelehrig war und sich vieles erklären ließ. Die Technik begeisterte sie einfach!

So hat sie als Beifahrerin in einer für sie sehr gefährlichen Situation einfach die Handbremse gezogen. Zum Glück war beiden nichts passiert, der Schreck war viel größer als der Schaden! Gertrud erzählte uns gleich das Erlebnis.

Jetzt mussten wir ihr doch erklären, dass ein Autofahrer für aufmerksame Beifahrer dankbar ist, aber immer noch selbst fahren muss. Das hat sie dann eingesehen und Besserung gelobt!

Es war das Kriegsjahr 1940. Viele Familien aus den Städten von Westdeutschland kamen zu uns nach Posen, weil sie alle schon ausgebombt waren. Es war ein Trugschluß, denn später wurde es bei uns noch viel schlimmer.
Ich hatte eine Freundin namens Waltraud, sie kam aus Mannheim, auf dem Schulweg habe ich sie kennengelernt, sie wohnte gleich um die Ecke.
Ich wollte immer zum Spielen zu ihr kommen, denn sie hatte die herrlichsten, teuersten Spielsachen, ich habe nur gestaunt. Wir konnten so etwas nicht kaufen!
Die Mutter sprach nur wenig, den Vater habe ich selten gesehen. Er war ein sehr großer Mann, vielleicht 1,90 – 2 Meter groß. Er muss wohl bei der SS etwas Besonderes gewesen sein. Mein Vater hatte mich ermahnt, größte Vorsicht zu bewahren.
Mit Waltraud und ihrer Mutter habe ich einen Schiffsausflug auf der Warthe unternommen. Wir näherten uns dem Pilgerort Annaberg, es gab dort eine Marienkapelle, die auch ein Papst einmal besucht hatte.
Auf dem Dampfer wurden alle Dialekte aus Westdeutschland gesprochen, man sprach in Posen von den „besonderen Deutschen“, den „Gummideutschen“. Die Menschen kamen wegen der schrecklichen Fliegerangriffe aus dem Westen Deutschlands.
Die Front vom Osten kam bedrohlich näher, und die Fliegerangriffe wurden heftiger. Diese Menschen waren hier auch nicht sicher. Waltraud habe ich irgendwann nicht mehr gesehen…

An ein schlimmes Erlebnis am 20. April 1944 an Hitlers Geburtstag erinnere ich mich:
Wieder einmal wurde Posen von den Engländern und Amerikanern angegriffen, nur viel schlimmer als jemals. Es wurden Phosphorbomben geworfen. Die Leichen verkohlten zu unkenntlichen kleinen „Teilen". Es sollten 700 Menschen beerdigt werden.
Ich wurde erneut von den Jung-Mädchen in Uniform zum Tannenberg-Friedhof abgeordert.
War das eine Aufregung bei der großen „Feier" mit der SS und der Partei.

Da heulten die Sirenen, es waren neue Bomben im Anflug. Jetzt sprangen wir über die Gräber auf und nieder, fielen hin, liefen weiter usw. In der Nähe war die Tannenberg-Kaserne. Soldaten zogen uns Kinder in den Luftschutzkeller. Ich zitterte vor Angst.
Es lässt sich wohl denken, wie schlecht es meinen Eltern ging bei den Gedanken an uns! Sie haben nur gezittert. Als ich dann sehr spät nach Hause kam, wurde über alles leise gesprochen, es wurde immer stiller.
Die Tage darauf haben wir dann das ganze Ausmaß gesehen, das die Phosphorbomben angerichtet hatten. Die schöne Oper und viele historische Gebäude waren unansehnlich und schwarz angelaufen.

Das blieb alles so, bis wir dann auch Flüchtlinge waren.
Es gibt viele Menschen, die diese Erlebnisse und schrecklichen Geschichten nicht mehr hören wollen. Sie sagen, sie leben jetzt in einer anderen Zeit! Ob sie

das zu schätzen wissen? So lange Frieden zu haben und in Freiheit zu leben? In manchen Ländern gibt es diese Freiheit nicht. Jeder Tag ist ein Geschenk und man kann Gott nur dafür danken.

Immer wieder gehen meine Gedanken zu den Freunden in Ostfriesland im Rheiderland. Es verbindet uns mit den Familien doch soviel. In guten und schlechten Zeiten sind wir füreinander da. Diese schönen, kostbaren Stunden werde ich nie vergessen.
Lernt man erst diese flache, landwirtschaftliche Gegend kennen, muss man sie einfach lieben. Selbst die vier Jahreszeiten haben einen besonderen Reiz.
Nun muss ich noch von einer kleinen „Seefahrt" berichten. Die kleinen Ausflüge in die nahe Umgebung genossen wir immer sehr. Es war ein schöner Sonnentag, zu Dritt fuhren wir nach Ditzum an den Dollart, einen kleinen Touristen- und Fischerort. Gerade in den Sommermonaten sind viele Besucher hier. In den Restaurants gibt es guten und leckeren Fisch.
Hier holten wir uns den frisch geräucherten Aal. Wir schlenderten am Hafen entlang. Fischerboote waren von ihrem Fang eingelaufen, wurden entladen.
Da entdeckten wir auf einem Aushang, dass wir mit der kleinen Fähre im Prielwasser durch den Schlick nach Pelkum schippern konnten. Denn hier am Dollart sind Ebbe und Flut schon sichtbar.
Ganz spontan entschieden wir uns. Gesagt, getan, bestiegen wir mit einem Auto und einigen Radfahrern die Fähre. Eine kleine Fahrrinne führte durch den Schlick. Es sieht nicht sehr nett aus, wenn gerade Ebbe herrscht. Dabei denkt man, hoffentlich kennt der Fährmann sich gut aus? Selbst in diesem Schlick krabbelt so manches Getier herum.
Da staunt man nur!

Von Pelkum sind es dann nur noch wenige Kilometer nach Emden. In Emden arbeiten viele Menschen in der Autoindustrie.

Als wir dann daheim von unserer spontanen Seereise erzählten, wurde herzlich gelacht, denn so eine Seereise hat noch keiner gemacht.

Die Ems bekam vor ein paar Jahren ein Stauwerk. Hier wird die Ems gestaut, wann immer ein Luxusschiff von der Werft Papenburg zur Nordsee geschleppt wird. Viele Schaulustige bestaunen dann das große Luxusschiff, das wohl eine Länge von ca. 250 Metern hat. Schon einige Zeit vorher kann man dieses Schiff im Hafenbecken anschauen.

Papenburg, Luxusschiff

Durch die Werft sind viele Arbeitsplätze in Papenburg und Umgebung geschaffen worden. Das ist für viele Menschen ein Segen.

Dieses Städtchen hat auch einen netten Stadtkern zum Einkaufen.
Im Sommer ist der Garten von Dori ein kleines Paradies, eine bunte Blumenpalette. Dahinter ist ein kleiner Wassergraben, ihre Enkel steuerten ein selbstgebasteltes Floß darauf. Was haben die Kinder doch für ein fröhliches, unbeschwertes Leben hier!

Wir besuchten die Kunsthalle von Emden, ihr Gründer ist ein Emdener Bürger, Henri Nannen. Es gab eine Ausstellung von Emil Nolde. Die Kunstwerke haben Gertud, Dori und mir viel Freude bereitet.
Ob in den Rhododendronpark nach Westerstede, Schloss Evenburg im Frühjahr oder nach Bad Zwischenahn, eine Fahrt an die Nordseeküste ist immer wieder ein schönes Erlebnis ostfriesischen Flairs.
Die ostfriesische Teestunde genießen mit einem Tässchen Tee, Kandis und süßer Sahne! Nachbarn und Freunde versammeln sich immer wieder zu einem Plauderstündchen. Alle Neuigkeiten werden erzählt, man steht sich mit Rat und Tat stets zur Seite. Nachbarschaftshilfe wird hier groß geschrieben.
Wann immer wir können, sind wir Gäste bei den Freunden.

Rückblicke

Diese lustige Geschichte mit einem Happy End muss ich noch erzählen. Mein Mann hatte mich immer so mit seinen Erlebnissen zum Lachen gebracht.

Es war noch im Flüchtlingslager Puttgarden auf Fehmarn. Die große Umsiedelungswelle begann. Abordnungen der einzelnen Bundesländer waren gekommen, Familien sollten auf die einzelnen Regionen verteilt werden.
Da gab es auch viele Probleme zu lösen. Es musste schnell gehandelt werden. Günter war damals unter anderem mit dieser Aufgabe betreut.
Ein Paar, das noch nicht verheiratet war, vier Kinder und der Zukünftige, wollten natürlich gemeinsam umgesiedelt werden. Die Angelegenheit sollte sofort in die Tat umgesetzt werden. Die Heirat musste gleich geschehen.

Auf nach Kiel zum Standesamt! Günter musste zur Verwaltungsprüfung. Zuvor sollte er aber noch den Trauzeugen spielen. Doch das Wetter spielte nicht mit, denn es fuhr wegen Hochwassers keine Fähre über den Sund. Nun wurden statt Fähren Boote eingesetzt, so fuhren das Paar und Günter hinüber. In dem kleinen Boot wackelte es sehr heftig, und Fr. G. wurde seekrank, „fütterte die Möwen" der Ostsee. Nach der Eheschließung musste das Paar schnell wieder nach Fehmarn zurück.
Günter fuhr zur Prüfung. Nun stand für das Ehepaar zur Umsiedelung nichts mehr im Wege.

Es ging für sie nach Nordrhein Westfalen. Was waren sie glücklich!

Nach Jahren haben wir die Familie besucht. Wir waren ganz in der Nähe umgesiedelt. Die Freude des Widersehens war so groß, es gab ein köstliches Essen, Bauchfleisch, Bohnen und Kartoffeln. Wir waren überrascht über die herzliche und freundliche Aufnahme. Es wurde viel von alten Zeiten erzählt.

Es ist das Jahr Sommer 1944. Die Front war noch im Osten. Günter, mein Mann, wurde zu seiner Hitlerjungendgruppe gerufen. Von seinem ganzen Kreis wurden die Jungen nach Prag geschickt.
Sie sollten sich die Stadt und die Burg ansehen. Dann ging es weiter mit dem Zug nach Taus. Untergebracht wurden sie auf einer Anhöhe in einem Heim.
Hier wurden sie sehr gut verpflegt, was es zu Hause nicht mehr gab; man hatte in Pommern auch Lebensmittelkarten.
Mein Mann erzählte sehr viel davon, wie sie die Marschlieder geschmettert hatten.
Nach vielen Jahren machten wir mit Gertrud gemeinsam Urlaub im Bayrischen Wald. Da haben wir beschlossen, einen Tag nach Tschechien zu reisen. Wir wollten den Ort Taus aufsuchen, von dem uns Günter viel berichtet hatte.
Wir suchten einen bewachten Parkplatz auf. Wenige Autos standen dort. Der Parkwächter bekam einen höheren Geldbetrag als gefordert. Wir hatten ja nur die deutsche Währung, mit der wir bezahlten. Er war so erfreut, erzählte uns gleich, dass er nach seiner Arbeit ein siebengängiges Menü davon essen wollte.
Jetzt wollten wir uns Taus, heute Domaschlice, ansehen. Es ist ein kleines schönes Städtchen.
Ach, wie haben wir gestaunt, wir wurden von allen Menschen auf dem Weg in die Innenstadt beobachtet. Jeder drehte sich nach uns um. Wir sahen wohl aus wie „Eindringlinge", hatten eigentlich nichts Besonderes, nur Freizeitkleidung an. Da wurde uns schnell klar, in

diesen Ort kamen wohl kaum Touristen zur Besichtigung!
Gleich am Ortseingang fanden wir eine Kirche. Wie es bei uns üblich ist, sehen wir immer gerne eine Kirche an, wenn sie nicht verschlossen ist. Die alte Kirche war nicht zu und so sind wir reingegangen. Die Kirchentür knarrte. Bei unserem Eintritt, sahen sich alle gleichzeitig um. Wir waren „ungewöhnliche Gäste“, die die Gebetsstunde der Gläubigen unterbrochen haben. Doch da schallte es aus aller Munde „oh, bosche Maria, oh, bosche Maria!“
Es saßen nur alte Frauen beim Gebet in der Kirche. Mit Kittelschürzen bekleidet, hatte jede einen gehäkelten oder aus Wollresten gefertigten Beutel dabei.

Schnell entfernten wir uns nach diesem Erlebnis wieder. Heute kann ich nur sagen wir waren selbst erschrocken, hatten mit so einer Reaktion nicht gerechnet.
Auf einem stattlichen Marktplatz sah man Häuserreihen, die schon sehr renovierungsbedürftig aussahen, auf der anderen Seite aber über eine interessante Architektur verfügten. Man konnte unter den Gewölbedurchgang um den ganzen Platz laufen.

Einige Geschäfte waren zum Teil geschlossen, andere hatten geöffnet. Hier gab es nur Attrappen in den Auslagen der Schaufenster.
Wir schauten uns an, und jeder dachte vermutlich dasselbe.

Wie dankbar konnte man doch sein, so eine „Fülle“ im täglichen Leben zu haben. Welch ein Geschenk!

Gertrud und ich waren mit den Auslagen der Geschäfte sehr beschäftigt. Als wir uns umdrehten – weit und breit war Günter nicht zu sehen!
Schließlich war ja alles überschaubar. Trotzdem packte uns die Angst, da er längere Zeit nicht auftauchte und wir überlegten, was zu machen sei.
Doch da, wie ein Wunder kam er aus einem Wohnhaus mit einem alten Mann, der deutsch sprechen konnte. Er hatte meinem Mann nochmal den Weg zu dem ehemaligen H.J.-Heim gezeigt. Es war ganz schön anstrengend, denn es ging durch einen Hohlweg immer bergan, und die Sonne meinte es auch noch gut mit uns.

Oben angekommen, haben wir das Heim und die kleine Kapelle gefunden. Wir sprachen leise ein Dankgebet für allen bisherigen Schutz und dafür, dass wir diesen Ort noch gefunden hatten. Für Günter war das ein Erlebnis. Langsam meldete sich der Hunger, man konnte ja unterwegs nichts kaufen.
Da wir in unseren Rucksäcken immer Proviant dabei hatten, stärkten wir uns für den Rückweg. Die kleine Erholungspause tat gut.
Der Bergabstieg ging auch zeitlich schneller.
Nachdenklich machten wir uns dann auf unseren Heimweg: Was denken und glauben die Leute von heute wohl von dieser „Wohlstandsgesellschaft“? Jeder sollte mal nachdenken, wie gut wir es haben.

Mit meinem Mann, einer Amtsperson, wurde es mir nicht langweilig, ich habe mit ihm immer viel gelacht. Für mich war Günter der richtige Mann. So war für mich als junger Mensch das Lagerleben sehr schön. Eine tolle Geschichte fällt mir da ein:
Auf dem Rückweg vom Büro fuhr mein Mann mit dem Fahrrad, sein Weg ging „automatisch“ an unserer Baracke C vorbei und alle die dort wohnten, lachten schon darüber.
Dort wohnte eine große Familie in beengten Verhältnissen, aus der Ukraine. Sie hatten eine vierzehnjährige Tochter, die unter Epilepsie litt. Ich habe es einmal miterlebt und war sehr erschrocken, wie die Familie damit umgegangen war.
Nun wollte die Familie aber auch an einer Umsiedelung teilnehmen.
Mein Mann war mit Kollegen mit dem Ausfüllen der Anträge beschäftigt. Nun kam die ukrainische Familie an die Reihe. Die Familie bestand darauf, nur von meinem Mann aufgenommen zu werden, die Kollegen diskutierten nicht lange.
Da kam der berühmte Satz: „Sie wissen ja, wir kommen aus Wollo Kasubowa, Kreis Schitomir, Ukraine, Sie wissen alles über unsere Familie und kennen unsere Lebensumstände“.
Die Arbeitskollegen waren froh, dass sie sich nicht mit diesem Fall beschäftigen mussten, denn er war auch mit vielen schrecklichen Schicksalen verbunden. Hier waren Menschlichkeit und Geschick gefragt. Aus lauter Dankbarkeit wurden wir von den Ukrainern zu einem

Essen eingeladen. Sie teilten mit uns, was sie alles an „Essbarem“ auftreiben konnten. Der Hunger war bei allen sehr groß, gegessen wurde alles, keiner hat gemeckert.
Es gab auch viele alte Menschen, die nicht mehr richtig im Kopf waren. Sie klauten Unterhosen, wenn jemand etwas zum Trocknen nach draußen aufgehängt hatte. Egal, was unbeaufsichtigt dort auf einer Leine hing, alles konnte man gebrauchen.
Da gab es zwei Männer, die freuten sich des Lebens, wenn sie Mäuse fütterten. Mein Mann machte einen Besuch, als er zur Tür eintrat, flüchteten die Mäuse.
Hr. B. sagte nur: „Nun sind sie alle weg“. Da dieser Mann und ein zweiter „Geselle“ zusammen wohnten und nicht mehr alleine sein konnten, wurden sie in einer kleinen Zelle untergebracht. Die leibliche Versorgung übernahm jetzt die Gemeinschaftsküche. Sie fühlten sich so gut versorgt, wollten gar nicht mehr aus dieser kleinen Zelle.
Heute im Rückblick, nach so vielen Jahren kann ich nur sagen, es war eine erlebnisreiche Zeit. Wir waren zufrieden mit dem, was wir hatten.
Es waren aber auch unterschiedliche Menschen, Charaktere zusammen. Nicht jeder war friedlich und freundlich.
Günter begrüßte eine Frau im Lager immer freundlich, bekam aber keine Erwiderung. So ergab es sich an einem Abend, da sprach die Frau Günter an:
„Warum grüßen Sie mich eigentlich?“ „Ich bin eben ein freundlicher Mensch und weiß, was sich gehört!“ Seit

diesem Tag sagte sie „guten Abend, Herr Schulz“. Er lachte nur.
Wir machten eine erste kurze Reise über den Kanal nach England.
Unser Sohn U. wurde 20 Jahre alt, gemeinsam machten wir wieder einmal Urlaub in Ouddorp in Holland. Es sollte für U. ein schöner Geburtstag werden, siehe da, Günter fand etwas Passendes für die Familie.
Von Vlissingen fuhr eine Fähre nach England.
Wir hatten einige Stunden Aufenthalt und fuhren mit der Fähre wieder zurück. Das Besondere an der Überfahrt war, dass es ein Buffet und Getränke gab. Heute würde man sagen, „alles inklusiv“. Wir bestiegen das Schiff und erlebten einen schönen Geburtstag. Beide Söhne „begossen“ ihn tüchtig.
Wir genossen das Schiffsdeck und sonnten uns. Als wir dann das Festland Englands erreichten, hatte sich unser ältester Sohn für uns alle ein „Mammutprogramm“ ausgedacht. Dieses sollte nun in den wenigen Stunden stattfinden.
Eine ganz kleine Holzkirche war unser erstes Ziel. Es kam ein ganz junger Pastor auf uns zu, hatte uns sogleich eingeladen zur Besichtigung. Nur hatte er nicht mit unserem Sohn I. gerechnet, der ihm „Löcher in den Bauch“ gefragt hatte. Wissbegierig wie er war, konnte er sein Englisch gut anwenden und sein Gegenüber war sehr erfreut und gab eine „ausführliche Führung“ für uns.

Er freute sich sichtlich, dass sich jemand für seine kleine Holzkirche so interessierte. Leider haben die Eltern nicht allzuviel mitbekommen, denn da war noch eine Übersetzung nötig.
In diesem Ort standen Milchflaschen vor der Haustür. Gleich erwischte Sohn I. eine Frau im Morgenrock, verwickelte sie in ein Gespräch und wollte wissen, ob man im Ort Urlaub machen kann.
Wir waren alle so sprachlos über den Einfall. Ob er das wohl vorhatte? Es wurde nun Zeit, bis auf die letzte Minute war alles verplant. Jetzt protestierten wir gemeinsam! Eiligst mussten wir ja noch zum Schiff laufen, sonst hätten wir es verpasst.

In Ouddorp waren wir schon wie zu Hause und wurden freudig erwartet. Ein Kontakt mit der Gastgeberin besteht noch heute.
Jeden Tag studierte mein Mann das hiesige „Dagblatt“ von Ouddorp und die Bildzeitung. Man musste ja wissen, was in der Welt passierte.

Frische Brötchen, die er auf dem Wege vom morgendlichen Gang mitbrachte, schmeckten anders als in Deutschland.
Sohn I. wollte nie gerne lange am Strand bleiben. Der viele Sand, besonders wenn es windig war, blieb zwischen den Fingern und in seinen Büchern hängen, die er immer mitschleppte. So wurden immer wieder Besichtigungstouren unternommen. Wir lernten das Land, die großen Städte und die Kultur der Niederländer ken-

nen und konnten bald die Sprache gut verstehen und eine Unterhaltung war recht gut möglich. Selbst einige ältere Niederländer hatten nicht alle Sehenswürdigkeiten gesehen, die wir uns angesehen haben.
Sie kamen oft nicht sehr weit aus ihren Orten heraus. Fr. Greet H. haben wir zu Oosterschelde und nach Den Haag zum Friedenspalast mitgenommen, weil sie sich das alleine nicht zutraute.
Durch Zufall traf sie ihren Bruder im Friedenspalast. Das war aber eine große Freude, da sie sich sehr lange nicht gesehen hatten.

Bei Maria und Hanns aus Saarbrücken erlebten wir eine lustige Geschichte. Es sind Freunde fürs Leben! Wir hatten damals noch kein Auto.
Hanns hatte einen ganz kleinen Fiat, alles war sehr beengt, wenn alle Personen darin untergebracht werden sollten. Es war eine schöner Sommertag für Sohn I. und für S. G. sollte es ein unvergesslicher Tag werden. Wie in einer „Heringsdose“ saßen wir mit „Sack und Pack“ in dem kleinen Auto.
Maria machte den Vorschlag, zu einem Badesee kurz vor Kaiserslautern zu fahren. Die Verpflegung für den Tag hatten wir dabei. Es war einfach herrlich, das Wasser war lauwarm, so konnten die Kinder ergiebig toben und unsere Männer machten mit.
Wir saßen auf der Liegewiese, schauten dem fröhlichen Spiel zu und hatten unseren Spaß dabei.
Abends ging es dann auf den Heimweg. Maria wollte uns für den Abend ein herrliches, fruchtiges Müsli zubereiten. Leider fehlten die frischen Johannisbeeren, die noch zu besorgen waren.

Jetzt passierte Folgendes: Günter, der vorne als Beifahrer saß, sprang aus dem Auto und lief von Laden zu Laden. So „klapperte“ er einige ab. Ein aufmerksamer Polizeibeamter auf dem Fahrrad verfolgte unser Auto und die Aktivitäten. Schließlich griff er ein und sprach Günter an: „Hallo, was laufen Sie denn von Laden zu Laden“?
Als Günter ihm erklärte, er wolle nur frische Johannisbeeren kaufen, glaubte er ihm nicht so ganz und über-

zeugte sich im Laden selbst. Nun stellte er fest, dass die Sache stimmte.
Wir hatten uns schon im Auto große Gedanken gemacht, ob wir wohl was „ausgefressen“ hatten.
Frische Johannisbeeren haben wir dann doch noch an dem Tag bekommen und es gab ein tolles Müsli, alle waren zufrieden und satt.
Über dieses Erlebnis mit der Polizei haben wir noch oft gelacht.

Kleine Ausflüge waren immer sehr lustig. Begegnungen und Überraschungen gab es immer wieder. Gerne wurden Freunde und Bekannte, die keine Fahrgelegenheit hatten, mitgenommen, um ihnen eine Freude zu bereiten. Es gab immer viel Spaß miteinander.
So hatten wir mit zwei älteren Bekannten ein historisches Städtchen besucht. Alle waren vergnügt, die Sonne meinte es recht gut mit uns, da wurde man durstig und müde. Spontan luden uns die Bekannten zum Eisessen in einer Fußgängerzone ein.
Riesengroße Eisbecher wurden bestellt, italienische Spezialitäten, sehr lecker!
Nach einer Erholungspause im Eislokal mussten wir ja wieder aufbrechen zur Weiterfahrt. Der Ober wurde herbeigerufen, doch da stellte sich heraus, dass beide Ausflügler kein Geld mitgenommen hatten. Ich musste dann das „spendierte Eis“ selbst bezahlen.
Ach ja, da haben wir eben für einen „guten Zweck“ gespendet.

An einem schönen Sommertag, mussten wir zu einer Beerdigung aufbrechen. Wir waren alle leicht bekleidet. Unterwegs zog ein Unwetter auf, das uns die ganze Reise bis nach Hessen begleitete.
Es war eine große Trauergemeinde, die bis zum offenen Grabe, immer bergan ging. Ein Platzregen ergoss sich. Es schüttete wie aus Eimern. Die Schuhe wurden immer größer, völlig durchnässt, das Erdreich aufgeweicht. Eine nahe Verwandte des Verstorbenen hatte einen ganzen Arm voller Gladiolen als letzten Gruß den

Berg raufgeschleppt. Das war eine Plage bei dem Regen.
Ich hatte auch eine alte Dame am Arm, unter einem viel zu kleinem Regenschirm.
Ich schützte noch mit einer Plastikhaube ihren tollen wertvollen Hut, der ja nicht nass werden durfte. Wir sahen aus wie die „nassen Katzen"!

Am Grabe spielten sich dramatische Situationen ab. Der Lehmboden war sehr glitschig. Selbst im Gras versank man bis zur Gruft. Da der Verstorbene eine bekannte Persönlichkeit war, wurden viele Nachrufe am Grabe gehalten.
So trat auch ein Vorsitzender der Kriegsblinden auf. Man führte ihn an den Rand des offenen Grabes. Leider stand der Herr nicht ganz so still da, er ging immer weiter bis ans Grab! Der aufgeweichte, glitschige Lehmboden ließ uns alle den Atem anhalten.
In der Vorstellung befürchtete jeder, ein falscher Tritt und jeden Moment wäre der blinde Herr auch ins offene Grab gefallen.
Doch Gott sei Dank, alles war gut gegangen!

Heute bewegt mich wieder einmal eine Reise, die ich mit meiner Schwester 2008 nach Posen unternommen habe. Ich wollte ihr doch die Geburtsstadt zeigen und wo wir bis 1945 gewohnt haben.
Ich möchte sie einfach unter das Motto stellen: Eine Reise in die Vergangenheit!
Mein Dr. W. hat mich für die Reise so gut vorbereitet, dass ich gut zu Fuß laufen konnte, aber auch Ruhepausen waren nötig. Es war schon eine lustige interessante Reise.
Wir flogen direkt eine Stunde nach Posen. Wir landeten mit wenigen Sprachkenntnissen und einem Sprach- und Reiseführer. Von unserem Hotel, im Zentrum gelegen, starteten wir die Besichtigungen.
Viele Stunden waren wir da unterwegs, doch da meldete sich auch die Blase. Oje, es war eine echte Not, wo finden wir ein WC?
Bestimmt ist Ihnen auch schon so etwas passiert.
Der Wilhelmsplatz, eine Parkanlage, Bibliothek, Museum und viele große Banken! Die Not war groß! Gesagt, getan - schon spazierten wir in die erste Bank, gut gekleidet waren wir ja, mit einem eleganten weißen und roten Hosenanzug. In der Vorhalle, war alles aus Marmor. Hier stand eine Bodyguard-Bewachung. Stolz „wie die Spanier" marschierten wir selbstbewusst, ungeniert an ihnen vorbei, höflich „Dzien`dobry" grüßend, als ob wir Kunden wären, einen langen Gang entlang, direkt auf ein offenes Büro zu. Hier saß ein korrekt gekleideter Mann, vielleicht eine höhere Persönlichkeit der Bank.

Er schaute uns verwundert an, wir grüßten freundlich auf polnisch. Wir konnten ja nur wenige Worte auf polnisch, sagten „Toiletta"? Er begriff sofort die Situation, zeigte freundlich auf den Aufzug, deutete auf „4.Stock". Wir bedankten uns freundlich, sagten „Dziekuje". Wenige Schritte und wir erreichten den Aufzug zum gewünschten „Örtchen".
Das war ein Erlebnis, lustig zugleich, man sollte auch etwas wagen, es klappt auch mit wenigen Worten und Gesten.
Diese WC-Suche machte uns mutig, wir haben schnell gelernt, unser Wissen oft angewandt, da keine öffentlichen WC's zu sehen waren, selbst im Schloss nicht. Diesbezüglich muss für den Tourismus noch viel getan werden.
Erleichtert ging unsere Besichtigungstour weiter.

Unvergessliche Reiseerlebnisse

Das „Alte Land“, das fruchtbare Emsland, liegt im Norden unseres Landes. Von hier bekommen wir das schönste Obst und Gemüse. Zur Blütezeit der vielen Obstplantagen ist es ein herrlicher Anblick und man sieht viele Gäste.

Auch wir beide, Günter und ich reisten ins Emsland. Wir bekamen eine Einladung zum 80. Geburtstag nach Fredenbeck, von einem früheren Arbeitskollegen im Ruhestand. Er hatte seinen Alterssitz dorthin verlegt, ursprünglich kam er aus Stettin Er war Berufssoldat 131 und fand nach dem Krieg eine Anstellung in Bochum. Das Leben geht seltsame Wege. Nun lebte er mit seiner Frau im Norden.

Als der Kollege nach Fredenbeck zog, hatten mein Mann und der Schwiegersohn beim Umzug geholfen. Hier wohnen sie in der Nähe seines Neffen, eines Pfarrers in Buxtehude.

Die Feierlichkeiten zum 80. Geburtstag fanden in einem großen Saal statt, der Neffe hielt eine kleine Andacht, so etwas vergisst man nicht. Seine Kinder waren uns auch aus Bochum bekannt.

Die Ehefrau und deren Familie kamen aus Ostpreußen, wo sie viele Bedienstete hatten, die in einer großen Grabstelle mit der Familie beigesetzt wurden. Der Friedhof lag außerhalb des Ortes, mitten im Feld auf einer Anhöhe.

Bei unserem Besuch wurde uns viel Schönes gezeigt. Wir mussten nun auch das Familiengrab ansehen. Wir wanderten die Anhöhe empor, dabei wurde viel von vergangenen Zeiten erzählt. Es war ein schöner sonniger Tag. Oben angekommen, wurde uns erklärt, dass die Magd ganz hinten liegt, darunter die Verwandten, dann ganz unten die Familie. Was waren wir erstaunt über die Bräuche, die wir noch nicht kannten. Plötzlich sagte H.: „ Schauen Sie doch mal, wie blöd die hier liegen!“

Bei einem anderen Besuch, wenn wir zum Morgenkaffee erschienen, legte A. Günter die von ihm studierte Tageszeitung hin. Hier hatte er dann die für ihn wichtigsten Sachen unterstrichen, die Günter unbedingt lesen sollte.

Wir nahmen immer eine Kiste Elbe-Äpfel mit nach Hause.

A. hatte in Bochum auch einen kleinen Garten in der gleichen Anlage wie wir. Leider waren seine Frauen keine Gartenmenschen. Er war eher ein „Maurer“. Mit einer kleinen Maurerkelle betonierte er alle Wege. Es war eben sein Hobby.

Ein Hobby hatte er mit seinem Schwiegersohn gemeinsam. Sie hatten eine große selbstangefertigte Modelleisenbahnanlage im Keller. Da fehlte gar nichts. Die Männer beschäftigten sich viele Stunden mit der Bahnanlage. So wurden sie wohl in Kindheitsträume zurückversetzt.

Reise in die Goldene Stadt Prag

Gertrud war viele Jahre in Marburg an der Universitätsklinik. Deshalb hatte sie in Hessen viele Freunde und Bekannte.
Besondere Freunde wohnen in Friedensdorf. Sie hatten immer ein offenes Haus für Gäste.
Seit einigen Jahren sind wir immer mal Gäste, freuen uns, bei Lydia und deren Familie zu sein, haben gemeinsame Interessen und viel Spaß miteinander.
Lydia ist weit über 80 Jahre, besitzt große Lebenserfahrung und ist außerdem eine excellente Köchin, wie ihre Tochter Doris. Man kann viel lernen. Die hessische Küche ist einmalig gut.
In diesem Ort gibt es ein reges kirchliches Gemeindeleben, z. B. Jugendarbeit sowie Altenarbeit. Auch ein Heim für Jugendfreizeiten gibt es. Hier wirkt Tochter Doris als Hauswirtschafterin. Die Gemeinde unternimmt auch gemeinsame Reisen. Eine Reise nach Prag war geplant, zwei Teilnehmer fielen aus.
Sie riefen uns an, ob wir nicht einspringen wollten. Wir entschlossen uns schnell und Gertrud und ich reisten 1993 in die „Goldene Stadt“ Prag.

In Prag angekommen, gab es sehr viel zu sehen. Die Stadt ist im Krieg nicht zerstört worden. Die alten historischen Gebäude, Museen, Galerien, die vielen Brücken über die Moldau sind einfach fantastisch für den Kulturliebhaber. In Prag hatten wir für die Gruppe einen Stadtführer.

Auf der Höhe ist der Hradschinplatz mit seinen reichen Sehenswürdigkeiten. Zu sehen ist das Böhmische Königreich mit der Prager Burg, der heutige Regierungssitz des Staatsoberhauptes.
Beim Eingang in den gotischen St. Veits-Dom hatte man Mühe, dem Stadtführer durch die Menschenmasse zu folgen. Es ging alles viel zu schnell, ich hätte mir so gerne einiges genauer ansehen wollen.

Dann der alte Königspalast, die Wachablösung vor dem Schloss, es wurde natürlich viel fotografiert, jeder wollte ein Foto mitnehmen.
Hier gab es einen kleinen Zwischenfall. Man bemerkte nach einiger Zeit, als die Gruppe sich in Bewegung setzte, dass eine Frau fehlte. Wir hatten sie in der Menschenmenge verloren. Nun musste die Dame gesucht werden, weil die Gruppe in die Stadt einen Fußweg zur Moldau laufen wollte. Sie hatte sich beim Fotografieren abgesondert. Alle waren froh, dass sie wieder da war.
Wir besuchten das „Goldene Gässchen“, hier liegt das Kafka-Haus, des weltberühmten Schriftstellers und Künstlers.
Vom Hradschin aus schaut man auf hundert Türme, deshalb nennt man Prag auch „Das Hunderttürmige Prag“. Von oben sieht man auch auf den Garten des Sommerschlösschens der Königin Anna.

Über die berühmte Karlsbrücke mit ihren wunderbaren Skulpturen wurden wir geführt, und natürlich wurde auch ein Gruppenfoto gemacht. Hier waren einige

Händler und Maler, die Menschen wurden magisch angezogen. Es wimmelte nur so von Touristen. Aber auch die Taschendiebe waren geschäftig „bei der Arbeit“.
So ging es eben einer Dame aus unserer Gruppe. Die Handtasche wurde ihr von zwei Jungen entrissen, aber durch das laute Geschrei und dem wachen Blick von zwei Mädchen, die das beobachtet hatten, konnte Schlimmeres verhindert werden. Schnelles Handeln war hier nötig. Die Mädchen liefen hinterher und kamen nach einiger Zeit mit der Handtasche zurück. Welch eine gute Tat von den Rettern in großer Not. Wie dankbar war die Dame, sie weinte vor Freude!
Ja, wie wachsam muss man doch sein. Das Unglück schläft nicht.

Karlsbrücke in Prag

Eine Fahrt mit dem Ausflugsschiff auf der Moldau hat besonders viel Spaß gemacht. Es spielte ein Prager Bürger Akkordeon, dann wurde ein Tänzchen gemacht! Der Fremdenführer hatte viel zu tun, denn er musste fleißig die Damen bewegen. Die ganze Gruppe hatte einen riesigen Spaß. Gertrud tanzte so beschwingt, und ein Metallknödel im Boden brachte die Tänzer fast zu Fall! Sie blieben immer an dem Knödel hängen. So wurde es zum „Lacher" aller.
Gertrud und ich haben dann alleine eine Besichtigung im jüdischen Viertel mit vielen Sehenswürdigkeiten unternommen.
Der alte jüdische Friedhof aus dem 15.Jhdt. gehört ja zum wichtigsten Kulturerbe der Prager Juden. Hier findet man 12 000 Grabsteine. Auch eine Synagoge konnte besichtigt werden. Es machte auf uns einen tiefen Eindruck.
Was wohl alle Touristen Prags sehen, ist das Altstädter Rathaus mit der „Astronomischen Uhr". Hier wurden wir von einem Straßenverkäufer beim Kauf einer Flasche Wasser regelrecht abgezockt.
Auch unsere Lydia erlebte eine Panne, da sie mit einigen Damen in einem Straßencafe am Altstädter Ring bei einem Kaffeestündchen ausruhen wollte. Denn sie waren ja schon lange auf den Beinen. Nach geraumer Zeit wurden sie gebeten, doch schnell den Platz für andere Gäste wieder frei zu räumen, da waren sie sehr enttäuscht.
Jeden Tag kehrte die ganze Gesellschaft sehr müde in unser Quartier.

Die Rückreise führte uns dann nach Karlsbad. Eine Prachtstraße mit großen Hotels und Kurhäusern führt zu den Quellen. Hier kann man unterschiedliche Behandlungen bekommen, nach Herzenslust kuren und Leib und Seele verwöhnen lassen. Wir suchten die Wandelhalle mit dem gesunden Trinkwasser auf. Mir schmeckte es nicht so gut, etwas faulig. Schnell wurden noch Karlbader Oblaten gekauft, sie sind ja sehr bekannt.
Die Reisegruppe deckte sich damit ein, ein besonderes Mitbringsel für Familie und Freunde in der Heimat.

Es ist immer ein besonderes Erlebnis in Friedensdorf. Dieses Dorf liegt im Biedenkopfer Land mit dem Flüsschen Lahn, in einer reizvollen Gegend mit Feldern und Wäldern. Wandert man auf die Höhen von Friedensdorf, hat man einen wunderbaren Ausblick auf das Schloss Biedenkopf und die Sackpfeife, im Winter ein Skigebiet.

Blick auf Friedensdorf

Besonders schön ist es im Mai, wenn die Rapsfelder ihr gelbes Kleid anlegen.
Friedensdorf ist uns sehr ans Herz gewachsen.
Wieder waren wir ein paar Tage in Friedensdorf bei Lydia, die gute Köchin im Hause. Platz zur Übernachtung ist genug und wir genießen alles, was es gibt. Wir hatten herrlich zu Abend gegessen, köstliches Bauernbrot und die wunderbaren hessischen Wurstleckereien, Leber- und Rotwurst sowie die leicht geräucherte, weiche „rote Wurst“.
Für den „Städter“ ist sie eine ländliche Köstlichkeit.
Jetzt staunten Gertrud und ich nicht schlecht, als Lydia uns fünf Flaschen Schnaps vorsetzte, alles selbst gebraut, denn damit kennt sie sich gut aus. Es sind Kräuterschnäpse mit Gin und viel Kandis. So kamen die verschiedensten Geschmacksrichtungen zustande: Basilikum, Brombeeren, Himbeeren, Mirabellen und Schlehen. Natürlich mussten wir von jedem eine „kleine“ Kostprobe nehmen. Alle schmeckten sehr gut. Als wir so in fröhlicher Runde beieinander saßen, kam der Schwiegersohn zur Tür herein, er wollte uns begrüßen. Oh, du meine Güte, wir waren recht lustig beschwipst und er rief uns zu: „Na, ihr drei Schnapsdrosseln!“ Es wurde fürchterlich gelacht. Dieser Ausspruch begleitet uns heute noch.
Auch er trinkt gerne von dem Kräuterschnaps, denn er soll ja zur besseren Verdauung beitragen.

Die Wartburgreise mit Freunden führte uns nach Eisenach in Thüringen. Schon lange wollten wir unbedingt die Wartburg sehen und erleben.
Da Gertrud viele Jahre in Marburg gelebt hatte, waren wir von der Geschichte der Hl. Elisabeth von Thüringen, die bis zu ihrem frühen Tode in Marburg lebte, sehr fasziniert. Als ungarische Königstochter lebte sie auf der Wartburg bis zum Tode ihres Mannes.

Auch Martin Luther, er lebte von 1483 bis 1546, verbrachte seine Verbannung auf dieser Wartburg, übersetzte die Bibel aus dem Lateinischen in die Deutsche Sprache. Viele Jahre stand er unter dem Schutz des damaligen Fürsten, praktisch als „Gefangener".
Weil er sich als Katholik gegen den Papst gestellt hatte, musste er sich vor dem Reichstag in Worms verantworten. Sein berühmter Ausspruch: „Ich stehe hier und kann nicht anders. Gott helfe mir. Amen," markierte den Beginn der Reformation.

In Bauerbach bei Marburg wohnt eine Freundin, auch eine besondere Frau. Seit ihrem fünfzehnten Lebensjahr war sie viele Jahre in Marburg beschäftigt.
Ob Sommer oder Winter, musste sie immer durch den Wald laufen, da es noch keine Busverbindung gab. Sie ist eine Allroundkraft, kann praktisch alles, ob im Haushalt oder Garten. Man staunt nur, was sie alles zu Wege bringt.
So bin ich mit Waltraud, Lydia und meiner Schwester an einem schönen Sommertage zur Wartburg aufgebro-

chen. Lange begleitete uns die Sonne, doch als wir uns Thüringen näherten, verdunkelte sich der Himmel und es begann schrecklich zu regnen. Es hielt uns aber nicht davon ab, die Reise fortzusetzen. Vom Parkplatz mussten wir noch viele Treppen zur Wartburg aufsteigen. Es war beschwerlich im Regen.

Wartburg in Thüringen

Oben angekommen, standen wir vier in einer langen Menschenschlange am Einlass der Burg. Wir wollten eine Führung machen. Es tropfte von den Regenschirmen, eine ungemütliche Situation!
Da kam einer von uns auf die Idee, gemeinsam im „Gänsemarsch" an den Wartenden langsam vorbei zu

marschieren. Welch ein Vorhaben! Über diese Unverfrorenheit waren wir später selbst erstaunt und haben gelacht. Ohne dass uns jemand gehindert hätte, kamen wir wie eine „bestellte Delegation“ ganz nach vorne zum Einlass. Ob sie wohl alle glaubten, wir gehörten zum Aufsichtspersonal? Schon ging die Tür auf und wir wurden mit einer Gruppe reingelassen.
Nun begann für uns eine interessante Führung. Es war bewegend, die Geschichte Martin Luthers zu hören, die uns sehr bekannt war. Ich bin ihm sehr dankbar, dass wir die Bibel in Deutsch lesen können, denn zu der damaligen Zeit war Latein die Sprache der Kirche.
Die einfachen Menschen wären nicht informiert worden, was in der Bibel steht.
Als wir seinen kleinen Aufenthaltsraum betraten, wurde uns bewusst, was er alles in seinem Leben auf sich genommen hatte und welchen Anfeindungen er ausgesetzt war.
Dazu kamen die seelischen Anfechtungen. Wie beschrieben wurde, kämpfte er dort mit dem Teufel, der ihm Zweifel schickte.
So warf er ein Tintenfass an die Wand! Heute noch sieht man den großen Tintenfleck an der Holzwand.

Wir sahen auch die Räume und Bildergalerien des Fürsten Thüringens und seiner Ehefrau Elisabeth, die später durch ihren Lebenswandel heilig gesprochen wurde.

Langsam gingen wir den langen Weg zurück. Nach den Eindrücken in der Burg ging uns sehr viel durch den Kopf.
Am Parkplatz angekommen, regnete es immer noch.
Da war unser Kaffeetrinken in der schönen Natur im wahrsten Sinne des Wortes, ins Wasser gefallen.
Aber so schnell geben wir ja nicht auf. Schnell verzogen wir uns in das Auto, holten alles aus dem Kofferraum. Waltraud hatte einen herrlichen Pflaumenkuchen extra für diesen Tag gebacken. Feinstes Porzellan, Silberbesteck und sogar Sahne fehlten nicht. Da waren wir Drei ganz sprachlos. Jetzt erwärmte uns der heiße Kaffee, alles schmeckte so köstlich bei der Nässe.
Auch die Heimreise traten wir durch das nasse Thüringen wieder an, kehrten, nachdem sich der Hunger wieder meldete, in eine Speisegaststätte ein. Jeder bestellte sich etwas Feines zu essen. Lydia wollte ein frisch gezapftes Bier trinken. Was haben wir alle darüber gelacht!
Ja, die Hessen können auch sehr gut leben. Noch oft sprechen wir von dieser Reise.
Waltrauds Mann hat einen wunderschönen Garten. So hatten sie noch eine „Gabe aus dem Garten“ eingepackt. Es ist eben frisches und gesundes Gemüse und Obst.
Reich beschenkt verlassen wir immer das Hessenland.

Holland, das geliebte Urlaubsland im Sommer!

Die Nordsee ist vom Ruhrgebiet nicht weit und so herrlich schön. Ja, die Nordsee, da kann man ins „Schwärmen“ kommen. Es war für uns schon Tradition, einmal in den Schwarzwald und dann aber wieder an die Nordsee zu fahren. Durch die Jahre war sie uns sehr vertraut.

Die Halbinsel „Goere Overflakke“ war unser Ziel. Ouddorp wurde unsere „kleine Heimat“. Wie immer haben wir eine kleine Ferienwohnung genommen.

Wir lernten eine alleinstehende Dame kenne, mit der wir eine Wohnung teilten. Zunächst war die Vermieterin sehr skeptisch eingestellt, denn in den Kriegsjahren haben die Holländer viel gelitten, Zwangsarbeit und vieles mehr erduldet.
Eine große Gardine hatte unsere Bereiche getrennt. Die Dame hatte eine kleine Küche, wo wir kochten konnten, wenn wir vom Strand kamen.
Doch eines Tages war die Gardine zurückgezogen und sie wollte nicht mehr alleine sitzen, denn sie hörte unser fröhliches Lachen. Wir luden die Dame zum Essen ein. Sie war überglücklich, denn sie kochte nicht gerne.

Alles, was wir zubereiteten, war das „beste Essen“ für sie. So wandelte sich alles! Wenn wir vom Strand kamen, hatte sie den Tisch schon festlich gedeckt, Kartoffeln geschält, Salat oder Gemüse geputzt, ihre besten Sherrygläser bereitgestellt. Wir brachten immer eine

Flasche aus Deutschland mit, weil Gret ihn so gerne trank. Wir brachten nur noch den fertigen Fisch mit, was wir immer gerne in Anspruch nahmen. Nun hatte sie eine noch genialere Idee. Sie hatte eine Cousine im Dorf, es war eine „richtige Perle“.
Sie hatte einen großen Garten und brachte uns immer frisches Gemüse. Ich kochte gerne und unsere Gret bot uns allen das Du an, wir lernten fleißig holländisch und Gret lernte deutsch. Heute lebt sie in einem Senioren-Stift.

Manchmal hatten wir auch netten Kontakt zu den Dorfbewohnern, da gab es dann ein „Kopje Koffie „und einen „Cake“, zu jeder Tages- oder Nachtzeit. Da war an einen Nachtschlaf nicht mehr zu denken.

Unser ältester Sohn hatte immer seine Bücher an den Strand mitgenommen. Er liebte den Sand bei Wind nicht so sehr, denn er hing zwischen den Büchern und an den Fingern.
Unser jüngerer Sohn hatte damit kein Problem, er baute unentwegt Sandburgen mit Wassergräben.
Es bleiben von der Sonne verwöhnte unvergessliche Strandtage,. Vormittags war der Strand menschenleer, die Holländer kamen immer erst später. Wir eilten, wann immer wir wollten zum Schwimmen in die aufgewühlte Brandung der See.

Nordstrand, Ouddorp, Holland

Wir machten endlose Spaziergänge am Strand entlang, Muscheln suchend oder auch nur die Seele baumeln lassend. Auf die See schauen, das Wasser rauschen hören, abschalten, ausruhen, das war das Allerschönste.

Durch die Information des „VVV", ein Touristenbüro, unternahmen wir an trüben Tagen Ausflüge. Auch an trüben Tagen ging es an den Strand oder es wurden Fahrräder gemietet. So erkundeten wir auch auf Radwegen die nahe Gegend. So war der Urlaub stets Erholung mit einem Kulturangebot des Landes.

Reisen führten uns nach Den Haag, wir saßen im Friedenspalast, dem Regierungsgebäude. Wir sahen Rotterdam mit dem Hafenviertel, dem Euroturm und dem

Nationalmuseum mit den prächtigen Gemäldeschätzen alter Meister. Wir machten auch eine Schifffahrt nach Amsterdam, zu den Sehenswürdigkeiten dieser Stadt. Die Holländer hatten große Sorgen, wie sie das Meer bei großen Sturmfluten abschotten könnten.

Wir erlebten in all den Jahren das gewaltige Bauwerk der Oosterschelde, einem Sturmflutwehr auf Zeeland. Führungen mit dem Schiff brachten uns zu den gewaltigen Baumaßnahmen. Im Jahre 1953 überschwemmte eine große Sturmflut die Küstenregion, dabei verloren 1800 Menschen das Leben. Selbst in Ouddorp waren viele Bewohner der Halbinsel ums Leben gekommen.

Ooosterschelde, Sturmwehr

Wir fuhren bis nach Middelburg, wo es historische Märkte und Jahrmarktsbuden gab. Kleine „Poffertjes", das sind kleine Pfannkuchen, waren immer begehrt. Auch Kirchen und Kathedralen haben wir dort besichtigt. Ein Kirchengewölbe war von dem Erbauer zu einem in Holz konstruierten „Schiffsrumpf" nachgebaut.

Der Ort „Stellendam" hat einen Fischerhafen, hier haben wir oft den Fischern zugesehen. Hier konnten wir im Hafenrestaurant ganz frisch zubereiteten Fisch essen.
Bei einer interessanten Fischversteigerung kann man zuschauen, sieht die große Uhr an der Frontwand und schnelle Händler in Aktion. Große Kühlautos bringen die Fracht dann an den dafür bestimmten Ort.

Auf den Besichtigungsreisen hat Günter für unseren Garten von Tulpenbauern immer viele Tulpenzwiebeln gekauft. So war unser Garten im Frühjahr immer „Klein Keuckenhof".

Dieser „Keuckenhof" befindet sich im Norden der Niederlande, wo zur Osterzeit die Gartenanlagen mit vielen Blumenbeeten das Herz erfreut. Es gibt auch sonst herrliche Blumenfelder zu jeder Jahreszeit, weit und breit ist immer ein bunter Blumenteppich zu sehen.

Der Keuckenhof

Ein kleines Museum eines begabten Tiermalers Rien Poortvliet in Middelharnis begeisterte uns sehr. Seine naturgetreuen Zeichnungen von Tier und Natur sind so lebendig und beeindruckend. Jeder Naturliebhaber sollte diese Bilder gesehen haben.

Hier erlebten wir einmal eine Sonnenfinsternis auf freiem Feld: Wir beobachteten auf einer ausgebreiteten Decke mit Augenschutz dieses spektakuläre Ereignis. Es wurde auf einmal kalt, kein Vogel war zu hören, alles schwieg, es wurde fast unheimlich. Wir waren froh, als die Sonne wieder zum Vorschein kam, Licht und Wärme zurückkehrten.

Es war noch lange ein Gesprächsthema bei uns. Was wäre ein Leben auf der Erde ohne Sonne? Es erinnerte uns an die wundervolle Schöpfung Gottes!

Wenn unsere schöne Urlaubszeit zu Ende ging, der Abschied kam, weinte Gret und auch uns fiel der Abschied schwer, denn wir waren zusammengewachsen. Echte Völkerverständigung zweier Kulturen, bis zum heutigen Tage!

Unsere Englandreise wurde von den Niederlanden aus geplant. Wir drei, Günter, Gertrud und ich, wollten uns die Sehenswürdigkeiten Londons und die Kronjuwelen ansehen. Da wir schon ein paar Tage in Holland Urlaub machten, entschieden wir, gleich auch ein paar Tage London einzuplanen. Auf dem halben Wege waren wir ja schon.

Von Zeebrugge setzten wir mit der Nachtfähre nach Dover über. Der Reisebus war im Schiffsbug untergebracht.
Es war sehr „lustig", denn wir hatten nach einer Schiffsbesichtigung, dabei war es schon spät geworden, uns zur Ruhe begeben wollen. Gesagt, getan! Es wurde eine große Überraschung!
Leider stellten wir jetzt fest, dass unsere Mittelkabine gleich hinter den Schiffsmotoren lag! Damit mussten wir jetzt fertig werden. Für Günter kein Problem, er konnte in jeder Lage und auch bei Geräuschen schlafen. Unser Problem lösten wir mit Ohrstöpseln gegen Lärm. Es schaukelte gewaltig. Damals waren wir jung und uns machte es nicht viel aus. Schaukeln war das richtige Einschlafmittel.

Die Nacht verging, und wir hatten uns frühzeitig fertiggemacht. Da wir Frauen ja bekanntlich länger brauchen und noch zum Frühstücksbuffet gehen wollten, wollte sich Günter inzwischen nach dem englischen Wetter auf Deck erkundigen.

Die Kabinentür fiel hinter ihm zu. Es dauerte eine ganze Weile, und man vernahm jetzt reges Treiben auf dem Gang, alles strebte zum Essen. Nun kam Günter, wollte uns abholen.
Leider konnte er nicht in die Kabine, wir gaben alles, doch die Tür ging nicht auf! Wir waren gefangen!!! Jede Minute war ein Bangen, eine Qual für uns. Die Zeit eilte!!
Nun bei all dem „Touristengerenne“, Aufbruchstimmung überall, jetzt noch einen zuständigen Fachmann oder Handwerker finden? Sich mit geringen englischen Sprachkenntnissen, noch mit Händen und Gesten, verständigen zu müssen! Welch ein Wunder, es hat geklappt!
Endlich hatte die Not ein Ende: Ein Feuerwehrmann hebelte mit einer Brechstange die Tür auf. Wir haben in der Kabine nur gebetet, dass wir noch rechtzeitig den Reisebus erreichen! So ein Schreck am frühen Morgen, das kann einem auf den Magen schlagen.
An ein gutes Frühstück war nicht mehr zu denken. Da gab es nur noch etwas von der „Hand in den Mund“ im Vorbeigehen.
Der Reisebus wartete nur auf uns, und schon ging die Reise nach London weiter.
Nächstes Ziel war unser Tower-Hotel, direkt an der Tower Bridge gelegen. Nach einer kurzen Erfrischung ging die Besichtigungstour los. Der Tag lag vor uns und wir wollten ihn voll auskosten. Bewaffnet mit Sprachführer, Stadtplan und Fotoapparat zogen wir los.

Wir hatten Glück mit dem Wetter, kein übliches englisches Regenwetter. Ob das weitere Programm auch so reibungslos ablaufen würde?
Zuerst wollten wir uns im White Tower die Kronjuwelen anschauen. Ach, da waren aber viele, viele Besucher, die schon in der Schlange standen. Nun hieß es geduldig warten. Ich trieb so meine Studien!
Es dauerte eine ganze Weile, bis wir eingelassen wurden. Gerne hätte ich mir diese Juwelen etwas länger angesehen, doch wir wurden regelrecht gedrängt: Bitte weiter gehen, weiter gehen!

Nun eine Fahrkarte lösen und mit der U-Bahn die Stadt erkunden: Trafalgar Square, ein Ziel war die Nationalgallery.
Da wir Kunstliebhaber sind, war es schon immer ein Wunsch, die herrlichen Bilder anzuschauen. Doch es war viel zu wenig Zeit, hier könnte man Tage verbringen:
St. Pauls Kathedrale, Westminster Abbey, Piccadilly Platz, Parlamentsgebäude, Big Ben. Ich musste dann doch noch das berühmte „Harrods“ Kaufhaus gesehen haben, Anfang des 19.Jahrhunderts erbaut im Londoner Jugendstil.
Die Tage für unsere Exkursionen waren einfach viel zu kurz!!
Auf einer Stadtrundfahrt mit dem roten Doppeldeckerbus, genossen wir die Aussicht von oben, und unsere Füße konnten ausruhen.

So haben wir in wenigen Tagen viele Sehenswürdigkeiten von London gesehen.
Wir erlebten auch die Wachablösung und Parade am Buckingham Palast im herrlichsten Sonnenschein.

London, Buckingham Palace

Jeden Tag sind wir todmüde ins Bett gefallen, da wollte keiner mehr etwas unternehmen!
Unsere Zimmer lagen im 7.Stock des Tower Hotels auf einem sehr langen Gang. Günter und ich hatten eine direkte Aussicht auf den Tower, Gertrud zur anderen Seite mit Blick auf die Themse.
Voller Erwartung auf den nächsten Tag und mit kurzem Austausch des Erlebten schliefen wir ein.

Mitten in der Nacht schellte es überall, ich weckte Günter, der immer sehr fest schlief, ich war es ja gewohnt von meinem Mann. Ich sagte:
„Hör doch mal, das Telefon!“ Er lachte zuerst, dann wurde er ernst und erwiderte:
„Es weiß doch keiner, dass wir in England sind!“. Er sprang aus dem Bett, und rief: „Jetzt aber schnell raus, es ist Alarm!!!“ Wo ist wohl der Notausgang hier oben?

Alle Türen wurden aufgerissen, verschiedene Nationalitäten auf dem Flur erschienen im Hemd und Schlafanzug oder notdürftig bekleidet, schauten auf den langen Gang. Wo ging es lang? Ach, du liebe Zeit, waren wir erschrocken, da ging aber der Puls hoch!

Gertrud hatte es auch gehört, sah von ihrer Seite die Feuerwehr mit etlichen Löschzügen heranfahren.
Günter war jetzt schnell in Aktion, suchte das Treppenhaus. So liefen schon einige Gäste umher, als eine Hotelaufsicht alle beruhigte, dass nur ein kleiner Brand in der Küche für Aufregung sorgte, nun aber gelöscht sei und alle wieder in die Zimmer gehen sollten.

Dieses Erlebnis war noch lange Gesprächsthema bei uns…

Der letzte Tag war gekommen, ein englisches Frühstück, mit „baked beans“ und Speck, daran muss man sich aber recht gewöhnen!

Es regnete in Strömen, als wir auf unsere Abreise warteten. Ja, so stellt man sich das „englische Wetter“ vor. Wir waren dankbar für die vielen Sonnenstrahlen in den vergangenen Tagen und für den Schutzengel in dieser großen Stadt. Sicher haben wir vieles nicht sehen können, dafür war die Zeit zu kurz. Vielleicht ein anderes Mal!

Günter, mein Mann machte gerne Kreuzworträtsel, die er auch öfter einsandte. So hatten wir schon manchen Preis in Form von Gegenständen bekommen.
Eines Tages bekamen wir die Nachricht, dass Günter eine Reise nach Italien an den Gardasee gewonnen hat. Große Freude! Man dürfte auch Familienmitglieder mitnehmen, die dann einen verbilligten Preis zahlen würden. Wir beratschlagten, dachten an Gertrud, meldeten uns mit drei Personen an. Der Gardasee war schon immer mal ein Wunschziel gewesen.
Es war Mitte März und wir erwarteten uns Sonne und Wärme.
Ein Bus voller lauter Gewinner! Sie wurden im ganzen Ruhrgebiet eingesammelt, der erste Halt war vor der österreichischen Grenze. Dort wurde das Mittagessen eingenommen, was schon für die Gruppe bestellt war. Es gab ein gutes bayrisches Mittagessen. Als Vorsorge und Reiseproviant haben wir auf allen Reisen immer Äpfel, eine große Salamiwurst und auch eine Fleischwurst im Koffer. Wir sind eben auf alle Notfälle eingestellt und sparsam.
Von Anfang an hat uns der Busfahrer berichtet, er bekäme während der Reise Order, welches Hotel er in Italien anfahren sollte.
Das war schon merkwürdig, alle waren erstaunt, die große Überraschung kam dann in der abendlichen Dunkelheit.
Wir wurden in ein Sporthotel „Levico“ eingewiesen, das von Bergen umgeben war. Die Augen von uns wurden immer größer, als wir sahen, was da los war.

Dieses Hotel befand sich noch mitten im „Winterschlaf“. Da schwand alle Euphorie! Das zugewiesene Zimmer, es war eiskalt, keine Heizung, Eisblumen am dem Fenster, im Bad standen die Eimer unter dem Waschbecken weil es tropfte.
Kein warmes Wasser, keine Duschgelegenheit und das Bettzeug aus Sommerdecken, leichte Leinenlaken!
Bei den Teilnehmern brach großer Ärger aus, das Personal stellte sich stur und taub, sagten nur, sie könnten kein Deutsch sprechen.
Zwei von den Teilnehmern waren ältere Damen, fein in kurzen Nerzjacken, hielten sich nur gegenseitig fest, jammerten ganz erbärmlich, es war Mitleid erweckend. Sie waren gar nicht in der Lage, die vorgefundene Situation zu meistern.
Günter hatte sich nochmals im Restaurant umgeschaut, es war deprimierend, was er da sah. Eine zweite Decke hatte er nicht bekommen, die Küche war auch geschlossen! Wir hatten großen Hunger.
Wir „drei“ haben überlegt, was wir jetzt aus dieser „Misere“ machen.
So gab es eine Bettvorlage aus der „Bildzeitung“, die Günter jeden Tag erworben hatte. Für den Bettgang haben wir alles angezogen, was wir hatten, mehrere Schichten Kleidung, zuletzt den gefütterten Anorak. Gertrud hatte sich ein Kopftuch und einen Hut übergestülpt, sie war kaum zu erkennen, als sie im Bett lag. Es erinnerte uns an das frühere Lagerleben nach dem Krieg. Das konnte man nur mit Humor ertragen.

Günter zog sich zwei Paar Socken an und auch seinen Anorak. Wir waren ja so müde. Günter schlief so schnell ein, wie es bei ihm immer war. Wir hatten eine schlechte Nacht.
Am nächsten Morgen gab es ein aufgebackenes Brötchen und Marmelade, Käse und Milch, die angebrannt war. Tee und „Kaffee“, da konnte man nicht sagen, was es war.
Es wurde eine Busfahrt in die Dolomiten angeboten, da waren wir gleich entschlossen, weil es dort im Bus wohl wärmer war und wir etwas sehen konnten. Viele Teilnehmer haben so erst einmal ihren Frust und ihre Enttäuschung abgebaut.
Es war aber auch sehr kalt geworden. Die Dolomiten waren eine besonders reizvolle Bergwelt, denn hier lag noch sehr viel Schnee.

Dolomiten, Pass Pardoi

Über Cavalese nach Moena, hier machten wir den ersten Halt. Kunstfiguren aus Eis waren zu sehen, ein Wasserfall der gefroren war.
Weiter ging es die Höhenstraße zum Pass Pardoi auf 2239m. Was bekamen wir hier alles zu sehen: ein herrliches Skigebiet, die Menschen tummelten sich an den Skiliften im Sonnenschein.
Im Hotel aßen wir erst einmal etwas und wärmten uns, an einem geschützten Platz saßen wir ein wenig in der Sonne, aber es war noch ganz schön kalt.
Auf der Rückfahrt kauften wir uns wieder Äpfel. Im Hotel angekommen, war es immer noch klamm und kalt dort. Gut, dass wir gar nicht in das Gästezimmer gingen, denn am nächsten Tag hörten wir, es gab schlecht durchgebratene Hähnchen. Viele Gäste sind davon krank geworden, bekamen Durchfall, wohl von Salmonellen ausgelöst.
Am Abend wollten Gertrud und ich noch in den Ort laufen, einmal in die Kirche sehen und dann eine Pizza essen. Doch was waren wir von dem Ort enttäuscht, alles war zu! Nicht ein Lokal geöffnet, sogar das Gotteshaus geschlossen. Noch eine Panne! Wie gut, dachten wir, dass Günter nicht mitgegangen war.

Am nächsten Tag waren wir erfreut, dass wir in den warmen Bus steigen konnten. Es ging zum Gardasee. Der Strand war hier in Malcesine nur 2 m breit und voller Steine. Die Aussicht war sehr schön, ein ausgedehnter Spaziergang versöhnte uns und stimmte uns an diesem Tag fröhlich.

Hier fanden wir ein Lokal, konnten uns richtig satt essen und mit einem italenischen Gericht verwöhnen lassen.
Es wurde nochmals eine Fahrt nach Venedig angeboten. Diese Reise war für uns ein großes Erlebnis! Wir kamen auf unsere Kosten, denn es gab viele besondere Sehenswürdigkeiten. Am Markusplatz haben die Tauben reichlich Futter gefunden.

Venedig, Markusplatz

Die herrliche Markus-Kathedrale mit der vergoldeten Ausstattung faszinierte uns, so wie die vielen anderen besichtigten Kirchen in der Stadt.
Auch das schöne Muranoglas, eine besondere Glaskunst aus der Nähe Venedigs, das hier hergestellt wird, fanden wir faszinierend.

Herrliche Kaffeehäuser gibt es, eine Einkaufsstraße, die noch ganz auf den Karneval eingestellt war. Die schönsten Masken und Kostüme konnte man an den Verkaufsständen bewundern.
Die vielen kostbaren Gondeln und deren Gondoliere in ihrer Tracht gaben ein buntes Bild auf den Kanälen. Wir besuchten die Rialtobrücke, den Dogenpalast, den Campanile, die Schiffsanlegestellen.
Hier begegnet man Menschen aus aller Welt. Ob es den Menschen bewusst wird, dass man diese Kultur Italiens erleben darf?
Wir waren sehr dankbar dafür.

Im Hotel Dolomiti, wo die Reisegruppe zum Abendessen angefahren wurde, bereitete man schon eine große Werbeveranstaltung vor. Zum Einstand sollte jeder eine Flasche Sekt erhalten. Doch sehr viele Reisende waren verärgert und protestierten, wollten weiterfahren. Es gab eine lautstarke Auseinandersetzung, schließlich musste ein Bus mit den Gästen zum Hotel nach Levico abfahren.
Die ganze „Gewinnerfahrt“ war eine totale Abzocke.

Was haben wir da noch alles erlebt! Erboste männliche Gäste wollten dem Veranstalter an den Kragen gehen. Er musste in seinen Mercedes fliehen und schleunigst abfahren. Am nächsten Morgen fuhren wir nach Deutschland ab. Für uns gab es keine Gewinnspiele mehr, wir waren kuriert…

Ein bitteres Nachspiel folgte dann. Es kam zu einer Anklage vor Gericht und zu einer Verhandlung, wobei leider nichts herausgekommen ist.
Auch heute kann die Menschheit hereinfallen bei den vielen „Butterfahrten“, die ja auch nur eine „Verkaufsfahrt“ sind.
Wir können nur jeden davor warnen!!

Meine 2. Wienreise und Salzburg, die Mozartstadt

Diese Reise war uns besonders wichtig. Wien hat viel zu bieten, man kann diese Stadt in wenigen Tagen nicht so schnell erkunden.

Wir, das sind Dori, Gertrud und ich, reisten mit dem Nachtzug von Bochum nach Wien. Schon auf dem Bahnhof hatten wir mit unseren Koffern „Stress“, da das Förderband still stand. Nun bemühten sich zwei freundliche, geschäftige Männer um uns, sie halfen bei der Beförderung der Koffer.

Als wir dann im Zug saßen und einen Apfel mit dem Messer teilen wollten, suchte Gertrud das Messer im Rucksack.

Oh, Schreck! Die Bauchtasche mit einer EC-Karte war weg! Wir griffen sofort zum Handy und ließen die Karte sperren.

Die Reise fing ja schon gut an!? Doch Gott sei Dank wurde nichts vom Konto abgehoben, vermutlich wegen unserer schnellen Reaktion. Ja, es sollte wohl eine Warnung für uns und andere Reisende sein.

Nach einer langen, unruhigen Nacht sind wir in Wien angekommen. Unser Hotel war erneut der Augarten.

Nach einer kurzen Erfrischung ging es gleich zur Besichtigung. Zuerst fuhren wir nach Schloss Schönbrunn, diesem herrlichen Schloss!

Wir bummelten durch den Schlossgarten und die gesamte Parkanlage, sahen die Blumenrabatte, den Ro-

sengarten und das Tropenhaus sowie den Skulpturenbrunnen. alles hatte uns richtig in den Bann gezogen. Danach gab es einen köstlichen Apfelstrudel mit Sahne und Sachertorte im Schloss Residenz-Cafe.
Im Stadtpark, einer öffentlichen Parkanlage, stehen viele Skulpturen berühmter Wiener Künstler, z. B. eine Bronzestandbild von Johann Strauß und Sohn. Es ist wohl eines der am meisten besuchten Denkmäler und Fotoobjekte in Wien.
Johann Strauß und Sohn haben uns so wunderbare Musik hinterlassen und werden in der ganzen Welt gehört. Wir suchten auch noch ein Denkmal von Anton Bruckner und Robert Stolz auf. Wir freuten uns über den herrlichen Baumbestand und die Ruheplätze für die Besucher.

Natürlich ist Wien auch die Stadt von Mozart. Im Burggarten gibt es ein großes Denkmal von Wolfgang Amadeus Mozart.

Wiener Hofgarten

Ein Student, der in ein Mozartkostüm geschlüpft war, verteilte Programme für Mozartdarbietungen. Er verdiente sich wohl auf diese Weise etwas zu seinem Studium.

Wir machten eine Führung im Mozarthaus in der Domgasse, wo Mozart mit seiner Familie wohl zwei Jahre lebte und starb.

Die köstlichen Mozartkugeln mussten wir natürlich auch kaufen. Mein Mann liebte diese Pralinen sehr.

Hiersei noch der berühmte Knabenchor, die „Wiener Sängerknaben“ erwähnt.

Nahe bei unserem Hotel Augarten liegt das Palais Augarten. Wir schauten uns dieses riesige Gelände, eine Schule und Internat an. Dieser Knabenchor hat eine lange Tradition, ca. 300 Konzerte gibt er weltweit.

Wir besichtigten auch den prächtigen Stephansdom, dieses bedeutendste gotische Bauwerk Wiens, ja, man sagt sogar ganz Österreichs. Er hatte eine lange Bauzeit, vom 12. -14. Jahrhundert. Hier stehen viele Fiaker, die eine Stadtrundfahrt durch Wien anbieten.

Die Karlskirche gehört zu den schönsten Barockkirchen aus dem 18. Jahrhundert.

Jeder, der nach Wien kommt, sollte auch einen Besuch im Prater einplanen und mit dem Riesenrad fahren. Von oben kann man viel von Wien sehen, nur Höhenangst darf man nicht haben!

Natürlich wollten wir auch die „schöne blaue“ Donau sehen. Ach, da waren wir aber alle sehr enttäuscht, denn der Fluss war eher eine „braune Brühe“. Ob das immer so ist?

Wir machten auch eine Führung durch das Burgtheater, durften auf die Bühne und auch hinter die Kulissen sehen, was wir sehr interessant fanden.
Ein Höhepunkt war die „Zauberflöte“ von W. A. Mozart, eine moderne Inszenierung. Dieser Tag war ein Erlebnis.

Wien, Blick aufs Rathaus

Das Rathaus von Wien ist sehr schön, nur hatte uns ein Gewitter erwischt, so flüchteten wir in den Ratskeller. Hier waren wir genau richtig. Gemütlich haben wir drei Frauen den bekannten „Tafelspitz“ bei Harfenmusik gegessen. Schnell war der Regen wieder vergessen.

Schließlich schauten wir noch die Werke des Künstlers Friedensreich Hundertwasser an. Die von Hundertwasser sehr kreativ gestalteten Wohnkomplexe – alles kunterbunt – gehört zu den am meisten in Wien besuchten Sehenswürdigkeiten. In dieser Wohnanlage wohnen

normale Mieter. Die besondere Gestaltung muss man natürlich mögen. Im Hundertwasserhaus gibt es viele Formen und Farbenspiele. Der Künstler hat viele ähnliche interessante Gebäude in verschiedenen Städten errichtet.
Im Hotel Sacher haben wir dann noch eine Wiener Melange getrunken, schlenderten anschließend durch die Einkaufsstraße und schauten die reich verzierte, kunstvolle Pestsäule an, die an die große Pestwelle in Wien erinnerte.
Schnell kam der letzte Tag. Nun sollten wir, nach einer Empfehlung doch noch den „Schnitzelwirt“ Figlmüller aufsuchen.
Da machten wir aber Augen! Es gab die größten Wiener Schnitzel, die man wohl gesehen hat! Alles verging wieder wie im Fluge.

Wir besichtigen auch Salzburg, eine romantische interessante Stadt. Mein Wunsch war schon immer, die Geburtsstadt von Mozart einmal zu sehen, weil ich die Kompositionen so gerne mag. Er wurde 1756 hier als Sohn des Hofkomponisten Leopold Mozart geboren. In seinem Geburtshaus sieht man lauter originale Stücke, die wir sehr bewunderten.

In der Mozartstadt ist alles von großer Harmonie, die architektonische Schönheit und zauberhafte Landschaft, Musik, Kunst und Kultur sowie die kleinen idyllischen Gässchen.

Wir standen an der Salzach und bestaunten die Festung Hohensalzburg. Mit der Festungsbahn fährt man auf die mittelalterliche Burg, einem Wahrzeichen dieser schönen Stadt.

Salzburg

Von hier hat man einen tollen Blick auf den historischen Stadtkern. Man sieht den barocken Dom, die Franziskanerkirche, das St. Peter Stift und die Residenz der Bischofsfürsten.

Natürlich gibt es auch ein Mozartdenkmal und das Festspielhaus.

Zu den Salzburger Festspielen reisen viele Liebhaber der Opernmusik an.

Eine Führung durch das Festspielhaus sowie der Felsenreitschule erlebten wir ebenfalls.

Sehr schön ist ein Spaziergang durch den Mirabellgarten, dort gab es ein buntes Programm von Musikdarbietungen. Auch hier trifft man viele Touristen aus den verschiedensten Ländern.

Es waren sehr sonnige, heiße Tage die wir hier verbrachten. Im Stiftskeller aßen wir unter Bäumen zu Mittag. Zum Nachtisch bestellten wir eine Portion „Salzburger Nockerln", die wir nach einem festlichen Menü unbedingt probieren wollten. Die Gäste eines Nachbartisches haben sehr gestaunt und ich dachte mir auch, wie werde ich das bloß noch schaffen?
Danach war aber bald die „Luft" raus, denn die „Nockerln" bestehen aus sehr viel „Luft", die beim „Anschneiden entweicht".
Danach hatten wir überhaupt keine Lust mehr auf eine Besichtigung, nur noch zum Sitzen und Genießen!
Jeden Abend waren wir glücklich über die Erholung im Bett, doch diese Reise habe ich immer noch in guter Erinnerung.

Unsere Herbstreise mit Dori ins Weserbergland

Eigentlich reise ich immer sehr gerne im Frühjahr, wenn die Bäume grün werden, denn die ersten Frühlingsboten erfreuen das Herz.
Doch in diesem besagten Jahr ging es nicht und wir drei, Gertrud, Dori und ich, legten unsere Kurzreise auf den Herbst, der ja auch durch das bunte Laub faszinierend ist.
Unser Quartier hatten wir in Bad Karlsbad. Wir drei Frauen nahmen eine Ferienwohnung, was auch sehr schön war. Hier hatten wir alles, sie war voll eingerichtet. Da wir in der Nähe einen Bäcker hatten, besorgte ich die Frühstücksbrötchen. Für unterwegs nahmen wir ein Picknickpaket und Obst mit.
Jeden Tag haben wir uns etwas vorgenommen, um das schöne Weserbergland kennenzulernen. Morgens strömten wir in alle Himmelsrichtungen aus.
Nachts erlebten wir schon die ersten leichten Fröste. Es war bezaubernd schön anzusehen, die auf den Höhen durchbrechende Sonne und die Nebelschwaden im Tal.
An einem solchen Tag haben wir uns die Besichtigung der „Sababurg" vorgenommen. Es liegt ganz versteckt, dieses „Dornröschenschloss", entlang der Deutschen Märchenstraße im Reinhardswald.
Am Nachmittag waren nur wenige Besucher dort. Im Innenhof wurde eine Aufführung von dem Märchen „Dörnröschen" gezeigt, das von den Gebrüdern Grimm 1812 geschrieben wurde.

Heute wird die Sababurg von vielen Nationalitäten, besonders von Japanern und Chinesen aufgesucht.
Jeden Winkel der Burg haben wir angesehen, waren mit uns so beschäftigt, so dass wir die Zeit und die Gegend um uns ganz vergessen hatten und es menschenleer wurde. Hier gab es so viele schöne herabgefallene, gezeichnete Blätter, alle Formen und Größen.
Uns packte die Sammelleidenschaft bei den Blättern. So kamen uns immer mehr Ideen, wie man diese Blätter gepresst anwenden konnte.
Doch als wir zum Ausgang gingen, war dieser schon verschlossen. Wir versuchten es überall, riefen verzweifelt, doch es tat sich nichts.
Leider hatten wir damals noch kein Handy zur Hand, heute sicher eine nützliche Technik!
Schließlich entschlossen wir uns, über eine kleine Mauer zu klettern. Das war ganz schön schwierig! Wir waren ja auch nicht mehr „die Jüngsten". Wir mussten einen Umweg suchen, um zu unserem Auto zu gelangen. Ein „Stein" fiel uns vom Herzen. Es war uns nichts geschehen! Wieder ein Schutzengel, der uns begleitete, echte Bewahrung vom Vater im Himmel.
In Höxter an der Weser bewunderten wir die Fachwerkhäuser in der Innenstadt. Danach aßen wir in einem Lokal ein viel zu teures, wässriges Kartoffelsüppchen mit Wurst. Da kam in mir die Hausfrau und Köchin hervor, denn diese Suppe hätte man mit wenigen Zutaten schmackhafter und besser zubereiten können.
Entlang der Weser ging es weiter zum Kloster Corvey, einer großen Klosteranlage.

Hier besichtigten wir die Klosterkapelle, eine sehr große Bibliothek, den Klostergarten und den Klosterfriedhof.
Die Bibliothek beherbergt einen großen Schatz von alten, handschriftlichen Aufzeichnungen. Diese wurden von den Mönchen in viel Kleinarbeit hergestellt, z. B. handgemalte Pflanzen und Kräuter in diversen Büchern. Wir bewunderten die Vielfalt und sehr kunstvolle Arbeit. Wie bescheiden waren doch damals die Menschen.

Nach einem sehr eindrucksvollen Studium der Bibliothek gingen wir noch auf den Friedhof. Hier fanden wir, ganz überraschend, das Grab des Dichters August Heinrich Hoffmann von Fallersleben, der am 26.August 1841 das „Deutschlandlied“ dichtete:
„Einigkeit und Recht und Freiheit für das deutsche Vaterland, danach lasst uns alle streben brüderlich mit Herz und Hand.
Einigkeit und Recht und Freiheit sind des Glückes Unterpfand – Blüh` im Glanze dieses Glückes, blühe deutsches Vaterland!“
Nun ging es entlang der Weser nach Fürstenberg. Hier besuchten wir eine Porzellanmanufaktur. Sie gehört zu den edelsten Porzellanbetrieben Deutschlands. Große Ausstellungsräume mit den schönsten, kostbarsten Porzellanstücken, von Hand bemalt, konnten besichtigt werden. O ja, hier konnte man schon an einigen Stücken Gefallen finden, nur konnte man es nicht bezahlen!

Doch ganz spontan sagte ich zu Dori, die an einem Service Gefallen fand: „ Weißt Du, wenn ich im Lotto gewinne, dann werde ich es Dir schenken!“

Wir haben tüchtig gelacht und einen riesigen Spaß gehabt! Bis jetzt hat sich „in dieser Richtung“ noch nichts ereignet.

An einem anderen Urlaubstag fuhren wir dann ins südliche Weserbergland, die Wesertalstraße, eine sehr herrliche Gegend. Die Weser verläuft von Karlshafen bis Hannoversch Münden, auch „Drei-Flüsse- Stadt“ genannt.
Von einem Aussichtspunkt konnten wir auf den Zusammenfluss der drei Flüsse schauen: Werra und Fulda, die hier in die Weser fließen.
Da gibt es die Geschichte vom Weserstein von 1899. Auf diesem Stein stehen die Verse von Carl Nattermann: „Wo Werra und Fulda sich küssen, sie ihre Namen büßen müssen, und hier entsteht durch diesen Kuss, Deutsch bis zum Meer, der Weser-Fluss.“

Hier hatte man auch einen Blick auf die Altstadt.

Ebenso kann man auf den Spuren des berühmten Wanderarztes Dr. Eisenbart wandeln. Er kurierte auf den Märkten vieler Städte allerlei „Wehwehchen“ auf eine besondere Art. Er lebte hier, zog aber auch durchs Land und starb 1727 in Hannoversch Münden.

Enttäuscht waren wir von dem Thermalbad in Bad Karlshafen. Eine ganz alte Anlage, kein bisschen attraktiv! Aber wir machen ja aus allem etwas Angenehmes!

Ein Besuch in einer Korbmacherei brachte uns ganz viele Erkenntnisse über diesen Beruf. Mit einem Leiterwagen und vielen verschiedenen Körben fahren die Korbmacher durchs Land.
Auch ein Besuch auf der „Trendelburg“ wurde eingeplant.
Schon bald mussten wir leider an die Heimreise denken. Es waren unvergessliche Tage.

Unsere Silberhochzeitsreise führte uns nach Paris, die Hauptstadt und Weltstadt Frankreichs.
In der Zwischenzeit haben wir schon unsere Goldene Hochzeit gefeiert.
Auf der Parisreise haben wir große Erlebnisse gehabt. Mein Mann und ich haben uns schon frühzeitig mit „Paris“ beschäftigt. Wir suchten die schönsten Plätze der Stadt aus, packten Reise- und Sprachführer ein. Obwohl wir leider nur wenig französisch können, wagten wir diese Reise dennoch.
Wir sind mit dem Zug gefahren, hatten ein Abteil für uns alleine, denn zu der Zeit wurde noch nicht so viel gereist wie heute.
Ein kleines Hotel in einer Seitenstraße sollte nun für ein paar Tage unsere Unterkunft sein. Der Portier sprach etwas deutsch, so ging es ganz gut und wir kamen mit geringen Sprachkenntnissen durch.
In Paris war gerade „Österreich in der Gastronomie zu Gast“. Unser Vorteil, mein Mann war ganz begeistert, da er nicht gerne etwas „Unbekanntes“ ausprobieren wollte.
So haben wir dann häufiger im Restaurant „Galerie Lafayette“ gespeist. Die Geschäfte waren fast die ganze Nacht geöffnet, so konnte man zu jeder Zeit ein frisches Baguette, Käse und Wein kaufen. Dies war schon ungewöhnlich für uns.
Einmal haben wir uns zum Essen anstellen müssen, da das Lokal „Madame“ sehr bekannt und immer gut besucht ist. Hier gibt es besondere französische Spezialitäten.

Von unseren amerikanischen Freunden sind wir schon vor Diebstahl gewarnt worden.
Diese mussten sogar auf das amerikanische Konsulat, da sie ausgeraubt worden waren. Viele Taschendiebe sind unterwegs! Man muss aufpassen.
Bevor wir nun unsere Besichtigungen unternahmen, habe ich Günter die Hosentaschen mit Sicherheitsnadeln zugemacht.
Es war ein schöner Sonnentag, fröhlich stiegen wir in die Metro. Es gibt ein weites Metronetz, mit dem man die Sehenswürdigkeiten gut erreichen kann.
Wir wurden schon beobachtet. In der Bahn wurden wir bedrängt, von fünf oder sechs Männern regelrecht getrennt. Mir wurde ganz unheimlich, und ich dachte, „hier stimmt was nicht?!"
Doch die Gauner waren nicht erfolgreich und stiegen an der nächsten Station wieder aus. Günter hatte es auch gemerkt. Wir waren erleichtert, was für eine Lehre, noch aufmerksamer zu sein! Wieder eine Bewahrung!
Wir besichtigten auch den Invalidendom. Hier fand Napoleon seine letzte Ruhestätte in einer Krypta.
Wir sahen die herrlich strahlend weiße Kirche Sacré-Coeur. Sie liegt auf einem Berg, von einem Park umgeben. Von hier aus kann man die ganze Stadt sehen. Touristen sitzen auf den Mauern, es herrscht ein fröhliches Lachen und Singen. Ein buntes Treiben!

Nun muss ich noch berichten, dass ich auch die Modewelt und teure Kleider auf der Champs-Elysées sehen wollte. Es ist das teuerste Shoppingparadies von Paris,

habe nie jemals so etwas gesehen. Dabei habe ich meinen Mann bewundert, wieviel Geduld er aufbrachte, obwohl er doch gar nicht gerne einkaufen ging.
Er kaufte mir damals eine sehr schöne kleine Brosche. Sie ist ein Andenken. Es war der 16.April, unser Hochzeitstag, und ganz Paris war in Sonnenschein und in rosa Blüten gehüllt.
Mein Mann ist alleine mit dem Aufzug auf den Eiffelturm zur Plattform gefahren. Dieses eiserne Bauwerk wurde von Gustav Eiffel erbaut und ist 276 Meter hoch. Ich durfte schon etliche Bauwerke dieses Erbauers bewundern. Ich betrachtete diesen Turm von unten auf einer Parkbank wartend.

Der Eiffelturm in Paris

Einen Tag fuhren wir zum Schloss Versailles. Es liegt wunderschön inmitten herrlicher Parkanlagen. Wir erlebten den Louvre, wohl eines der berühmtesten und größten Museums der Welt.
Leider war für den Museumsbesuch zu wenig Zeit eingeplant. Am Ende der Avenue Champs Elysées sieht man den großen, beeindruckenden Triumphbogen. Er wurde von Napoleon in Auftrag gegeben und erst 30 Jahre später vollendet. Das Monument hat eine Höhe von ca. 50 Metern.
Die berühmteste Kathedrale von Paris „Notre Dame" liegt am Fluss Seine. Im Jahre 18o4 ließ sich Napoleon hier zum Kaiser krönen.
Der letzte Abend wurde zum besonderen Erlebnis in dieser festlich geschmückten Kathedrale für uns. Ein Gottesdienst mit Chorgesängen und Musikdarbietungen ging uns sehr zu Herzen und erfüllte uns mit Dankbarkeit für die schönen Tage in Paris.
Die Tage gingen viel zu schnell vorbei. Der jüngste Sohn holte uns vom Bahnhof ab. Zu Hause hatten uns die Kinder einen festlichen Tisch gedeckt. Wir brachten die französischen Köstlichkeiten für eine Nachfeier der Silberhochzeit mit.
Ein paar Jahre später wurden meine Schwester und ich zum Muttertag für ein verlängertes Wochenende nach Paris eingeladen.
Unser ältester Sohn war ein Jahr in Paris bei einer Bank beschäftigt, hatte dort auch schon Freunde gewonnen. Da lernte er ein anderes Paris kennen. Nun entdeckten wir auch andere Seiten dieser Stadt, hekti-

sche, hupende Autofahrer, ständig die Fahrbahn wechselnd, turbulentes Treiben! Besonders am großen Triumphbogen im Kreisverkehr heißt es aufpassen! Jetzt lernten wir die moderne Industrie- und Bürostadt kennen, auch das jüdische Stadtviertel und das Picassomuseum mit seinen Kunstwerken.
Wir bestaunten die großen Markthallen, die täglich geöffnet und eine unbeschreibliche Fülle von frischem Fleisch, Fisch, Obst und Gemüse anboten. Alles zum Probieren! Backwaren, Käse, Weine und Spirituosen.
Lebendes Getier, das man aussuchen kann, machte Eindruck auf uns. Ungewöhnliche Speisen haben wir auch probiert, denn unser Sohn I. wollte uns verwöhnen, etwas Besonderes bieten.

Mit ganz vielen neuen Erlebnissen fuhren wir nach Hause.

Auf den Spuren Goethes in Weimar

Der schönste und farbenprächtigste Oktober führte uns durch den Thüringer Wald nach Weimar.
So etwas haben wir nie wieder an Laubfärbung erlebt. Wir wollten auf den Spuren Goethes in Weimar wandeln. Eine Woche nur Kultur, Literatur, Geschichte erleben.

Das Wetter meinte es gut mit uns, nur Sonnenschein, warme Temperaturen am Tage. Die Studenten lagen auf den Wiesen im Park und ließen es sich gut gehen.
Auf dem Friedhof suchten wir die Gräber von Goethe und Schiller in einer Kapelle mit Krypta auf.
Oberhalb befindet sich eine orthodoxe Kapelle, mit dem Grab einer russischen Prinzessin, einer befreundeten Gönnerin von Goethe.

Wir führten interessante Gespräche und tauchten in die damalige Welt ein. Wir suchten auf dem Friedhof auch das Grab der damaligen „unsterblichen" Geliebten Goethes, Charlotte von Stein, auf.
Die Ilm durchfließt den Tiefurter Park, hier steht das Teehäuschen, wo man sich traf.

Wir besuchten Goethes Wohnhaus mit seinen Erinnerungsstücken. Er traf sich mit Schiller und Herder sowie anderen Persönlichkeiten hier. Da war auch die Reisekutsche zu sehen, mit der Goethe viel unterwegs

war, hinter dem Haus befindet sich sein ehemaliger Garten.
Wir suchten alle historischen Gebäude auf, die Herderkirche, das Gewandhaus, das Theater, das Goethemuseum sowie das Schloss Weimar. Kunstwerke und Gegenstände des Schlosses sah man aus der Zeit von Herzogin Anna Amalia.
Wir besichtigten das Schloss Belvedere von Ernst August von Sachsen-Weimar, mit seinem im 18. Jahrhundert angelegten Schlosspark. Ernst August gehörte auch zu Goethes Gönnern. Belvedere war ein Jagd- und Lustschloss. Heute ist ein überwiegender Teil des Schlosses eine Hochschule für Musik. Herrliche Klänge dringen aus den Übungszimmern nach draußen.

Natürlich mussten wir die berühmte Thüringer Bratwurst essen. Sie schmeckt einfach köstlich direkt vom Stand auf dem Markt! Der Marktplatz bot ein buntes Bild: Stände aller Art, vom Bauernstand angebotenes frisches Obst und Gemüse, einheimische Produkte und dazu noch ein großes Töpferangebot.

Plötzlich sahen wir einen in Deutschland bekannten Modedesigner, der große Mengen des Töpfergeschirrs gekauft hatte. Da staunten wir aber mächtig.
Wir sahen uns die Anna-Amalia-Bibliothek an, die über unschätzbare wertvolle Literatur verfügt..

An einem Tag suchten wir noch das Grab von Goethes Ehefrau Christiane Gropius auf. Ihre letzte Ruhestätte

liegt auf einem ganz anderen Friedhof Weimars als die von Goethe.
Da wir in der Nähe waren, wollten wir uns noch die Gedenkstätte von Buchenwald, einem Konzentrationslager, ansehen, wo so viel schreckliches Unrecht im Nationalismus geschehen war.
Ein Ort der Erinnerungen und der Trauer! Es ist sehr beklemmend zu sehen, was sich in der deutschen Geschichte abgespielt hat. Gefühle der Bedrückung begleiteten meine Schwester und mich.
In der Gedenkstätte kamen uns so viele Gedanken, wir beteten für die Menschen, die auch wir unter dem grausamen Regime verloren hatten. Nie wieder eine Diktatur!

Hier in Weimar machten wir noch einen Besuch bei einer befreundeten Dame, die uns eingeladen hatte. Von ihr erfuhren wir noch sehr viele Geschichten über Weimar. Es war ein unvergessener Abend.

Vor Weimar liegt ein kleiner Ort namens Gelmeroda, nahe der Autobahn gelegen, eine kleine Autobahnkirche, sehr sehenswert.
Hier wurden im 20. Jahrhundert byzantinische Seccomalereien wiederentdeckt. Von dem berühmten Künstler Lyonel Feininger ist hier ein Gemälde aus dem Jahr 1936 zu sehen, das Original hängt in New York.
In der Dunkelheit wird die kleine Kirche zu einer Lichtskulptur durch farbige Laserstrahlen. Dies sahen wir von unserem Quartier aus.

Gelmeroda bei Weimar, Dorfkirche

Tage in Dresden

Nach mehreren Jahren sind wir zu Dritt nach Dresden aufgebrochen, um uns nun alles, was wieder aufgebaut war, zu besichtigen.
Ganz wichtig war für uns, die ehemals im Krieg zerstörte Stadt mir der wieder hergestellten Frauenkirche, die fast fertig war. Eine gigantische Arbeit, die hier etliche Bauingenieure so präzise geleistet haben. Die besten Restauratoren waren dort Jahre beschäftigt.

Wir nahmen auch an einen Gottesdienst teil und waren überwältigt von dem Domgewölbe. Heute besuchen täglich viele Menschen diese Frauenkirche.

Auf der jetzigen Domspitze steht ein gespendetes Kreuz der Engländer.
Ob Dom, Museum, Kirchen, der Dresdener Zwinger, Semperoper, Albertinum, Grünes Gewölbe, alles war für uns so interessant. Die Geschichte von Dresden packt jeden Kulturliebhaber.
In der Altstadt sieht man das Residenzschloss Dresden, den Sitz der sächsischen Kurfürsten und Könige, z. B. von August dem Starken, Kurfürst von Sachsen und Polen.
Alles sehr beeindruckend, eine wunderschöne, vielseitige Stadt!
Hier in Dresden trafen wir eine Kusine von Freundin Dori, die wir schon in Weimar kennenlernen durften, die uns die schönsten Landstriche um Dresden zeigte.

Auf dem Weg in die Sächsische Schweiz machten wir noch einen Abstecher zur Festung Königstein, einem historischen Gebäude. Hier tauchten wir in die Geschichte der Gräfin Cosel ein, die hier von ihrem Ehegatten August dem Starken verbannt wurde, der sie in einem Turm einsperrte und bewachen ließ. Ihre Kinder wurden ihr ebenfalls genommen.

Das Elbsandsteingebirge ist ein sehr zerklüftetes und felsreiches Gebirgsmassiv. Es gibt hier gute Möglichkeiten für Gebirgskletterer. Wir wanderten zur Basteibrücke, wo man einen unvergesslichen Blick auf den Elbverlauf hat.

Die Elbe, Sächsische Schweiz

Was wir hier für schöne Erlebnisse hatten! Auf den Straßen und Plätzen erlebten wir bei unseren Besichtigungen Menschen aus aller Welt.
Wir unternahmen auch eine schöne angenehme Elbe-Schiffsfahrt bei schönem Wetter. Wir sahen im Vorbeifahren das „Blaue Wunder“, eine bekannte Brücke über die Elbe. Weiter ging es zur Sommerresidenz Schloss Pillnitz mit seinen Parkanlagen.
Wenige Autominuten von Dresden befindet sich das barocke Jagdschloss Moritzburg und seine Sehenswürdigkeiten.
Eine Führung durch das Schloss mit dem einmaligen Federzimmer ist sehr sehenswert. Eine wunderschöne Landschaft findet man hier zusätzlich.

Die Moritzburg

Ein Höhepunkt war auch die Porzellanstadt Meißen. Hier besuchten wir die Albrechtsburg aus dem 15. Jahrhundert. Dieses Bauwerk soll das älteste Schloss Deutschlands sein. Vom Burgberg hatten wir einen malerischen Blick auf die Altstadt und das Elbetal.
Die Porzellan-Manufaktur ist ein „Muss“ für Kunstliebhaber!
Die 300-jährige Geschichte des Porzellans wird hier gezeigt. Das Porzellan wurde von Johann Friedrich Böttger erfunden.
Heute kann man im Museum hochwertige Kunstwerke betrachten. Das weltweit bekannte edelste Meißner Porzellan zeigt die Ausstellung und Präsentationen der Herstellung sowie von Hand hergestellte Malereien. Einen Abschluss dieses wunderschönen Tages war die Fahrt an der Elbe entlang.
Ein besonderes Erlebnis hatten wir gemeinsam zu viert: Einen festlichen Besuch in der Semperoper. Selbst das Innere des Opernbauwerkes beeindruckte mich sehr. Es erinnerte mich an unsere Oper in Posen.
Wir durften von Tschaikowski „Schwanensee“, ein Ballett aus Moskau, erleben. Dies hatte uns die Freundin I. ermöglicht. Dafür waren wir ihr sehr dankbar. Den Abend ließen wir fröhlich und bewegt bei einem Umtrunk ausklingen.
Diese Reise werden wir alle nicht so schnell vergessen und wir erzählen oft noch davon.

Unsere Nordlandreise bis zum Nordkap

Unsere Nordlandreise eine wunderbare Reise, führte uns bis zum Nordkap.
Diese Busreise wurde von Massa-Reisen aus der Pfalz organisiert. Ein Busehepaar informierte uns während der Busanreise über Sehenswürdigkeiten dieser Reise. So war die Reisegruppe über die Sehenswürdigkeiten immer schon im Voraus informiert.

Wir fuhren über die sogenannte „Vogelfluglinie", nahmen die Fähre in Puttgarden/Fehmarn. Hier am Hafen trafen wir auf Willi, unseren langjährigen Freund aus der Lagerzeit. Es ist eine Freundschaft fürs Leben. Er begleitete uns noch mit der Fähre bis Dänemark. Die Männer hatten sich viel zu erzählen. Bald verabschiedeten wir uns, und es ging weiter gen Norden, die Straßen waren endlos.
Erste Station war Kopenhagen. Da gab es natürlich viel zu sehen, z. B. den Königspalast mit Wachablösung, das Regierungsparlament, das berühmte Tivoli. Auch die kleine Meerjungfrau musste man gesehen haben, sowie ein Erinnerungsfoto von Gertrud der „Kleinen Meeresjungfrau".
Nach einer Übernachtung in einem Skandic-Hotel ging es am frühen Morgen zum Frühstücksbuffet, wo sehr viele verschiedene Fischsorten angeboten wurden. Mit der Fähre ging es nach Helsingborg/Schweden. Auch hier waren viele Urlauber unterschiedlichster Nationalitäten. Weiter ging es nach Jönköpping am Vetternsee,

nach Stockholm, über 500 Straßenkilometer. Wir fuhren an endlos großen Seen vorbei, bis wir nach Uppsala, einer Universitätsstadt, kamen. Wir haben nur so gestaunt auf der Weiterfahrt, als auf den Straßen plötzlich die Rentiere und Elche aus den rundherum von Wald umgebenen Straßen auftauchten. Unser Bus musste anhalten. Die Fotoapparate wurden gezückt.
Man versuchte so, besondere außergewöhnliche, herrliche Aufnahmen mit nach Hause zu nehmen. Es ging durch endlose Wälder, die Müdigkeit überfiel einen förmlich, bedingt durch die eintönige Waldlandschaft und Fahrgeräusche des Busses. So hörte man einige „Schnarchgeräusche“ im Bus.
Es ging entlang dem Bosnischen Meeresbusen. Da hier weit und breit kein Restaurant zu sehen war, wurde an einem Rastplatz von unserem Ehepaar schnell ein reichhaltiges Buffet für die „Hungrigen“ gezaubert. Es gab sogar etwas Warmes. Es folgte eine längere Erholungspause am Wasser. Mutige wagten ein erfrischendes Bad. Die Lufttemperatur betrug zwar 25°, aber das Wasser war eiskalt. Schnell wurde eine Umzugskabine errichtet.
Gestärkt an Leib und Seele, ging es dann weiter. Jetzt waren wir satt und müde, da schlief fast die ganze Mannschaft!
Wir übernachteten in Umea. Wir waren alle „erschossen“ von den vielen Eindrücken, ließen es uns aber nicht nehmen, zur Entspannung einen Saunagang zu machen und einige Runden im Hotelschwimmbad zu

schwimmen. Jetzt hatten wir die nötige „Bettschwere“ erreicht.
Die nächste Grenze war in Haparanda, Finnland, Tornio.
Nach Rovanimi erlebten wir die Überschreitung des Polarkreises und St. Claus, eine Weihnachtsstation mit großer Ausstellung. Welch ein buntes Treiben, Menschen, die alles anschauen. Das ganze Jahr herrscht hier Weihnachtsstimmung, sogar bei Tagestemperaturen von 28°, die wir gerade erreicht hatten, es war sehr schwül! Günter hatte sich in eine Liste eingetragen und tatsächlich bekamen unsere Kinder Weihnachten Post von St. Claus.
Hier trafen wir eine Reisegruppe, die auf dem Rückweg vom Nordkap waren, sie hatten schlechtes Wetter und sahen keinen Sonnenuntergang am Kap. Da wurde man schon nachdenklich, ob wir es auch so erleben würden?

Jetzt ging es in ein Blockhüttenhotel. durch eine abenteuerliche Wildnis, durch eine viel zu enge staubige, steinige Straße erreichten wir Luosto, eine kleine urige Blockhüttenstadt.
Wir bekamen eine Blockhütte. die aus Wohnraum, 2 Schlafzimmern, einem Duschraum und einer Sauna bestand. Von Tag zu Tag hatten wir gelernt, nur das Nötigste aus den Koffern zu holen. Man braucht eben nicht viel auf so einer Reise.
Ein Hüttenrestaurant war etwas erhöht im Gelände zu erreichen. Hier haben wir ganz vorzüglich gespeist. Alles gab es reichlich. Einen herrlichen Lachs überba-

cken, Rentierfleisch mit Soße dazu Preiselbeeren. Alkohol gab es nicht, nur ein besonderes rötliches Getränk, aber auch erfrischend.
Spät war es geworden, mit einem Lehrerehepaar wanderten wir zur Hütte. Es war taghell, jetzt wurde es auch in der Nacht nicht dunkler. Es war sehr schwül und die Mücken waren ein großes Übel.
Man schlug immer um sich, sie waren sehr hartnäckige Plagegeister. Ein anderer Mann schrie nur, wild um sich schlagend:
„Ich bin doch kein Kotelett, was meinen diese Viecher bloß!“
In unserer Behausung, gemütlich eingerichtet, gingen wir noch in die Sauna, was wir eigentlich in jedem Scandic-Hotel nach einem anstrengenden Reisetag nutzten. Oft gab es auch ein Schwimmbad.
Das war immer sehr erfrischend.
Auf unserer Terrasse lagen die Hasen in der Sonne, ließen sich gar nicht in ihrem Nachtschlaf stören.
Am frühen Morgen erlebten wir einen Witterungsumschwung. Es hatte angefangen zu regnen.

Unser nächstes Ziel war Ivalo am Inari-See. Schon auf dem Wege hatten wir ausgemacht, mit einem Wasserflugzeug über den See und zur russischen Grenze fliegen zu wollen.
Gertrud und ich waren uns einig: wir fliegen! Günter wollte aber nicht alleine zurückbleiben, hatte Sorgen, es könnte uns etwas passieren und er bliebe dann alleine zurück. So hat er dann aus Sorge zugestimmt!

So ein waghalsiges Abenteuer!
Leider kam alles anders als angenommen, auf dem Wege nach Ivalo gab es ein mächtig bedrohendes Gewitter! Man konnte schon Angst bekommen. Es gab Windböen und Nebel, so dass kein Rundflug stattfand. Wie froh mochte Günter gewesen sein! I. erzählte uns später, er hätte es so erlebt bei einem Flug durch den Grand Canyon, als säße man auf einem Motorrad.

Nun muss ich noch von einem Ehepaar aus dem Schwarzwald erzählen. Sie hatten gleich hinter dem Busfahrer auf der rechten Seite ihren Platz. Während der ganzen Fahrt hatten sie sich mit Lebensmitteln eingedeckt und haben nur „gegessen und getrunken". So kann man sich auch beschäftigen!
Ihnen gegenüber saßen zwei „Veteranen". Beide haben die Reise wohl nur gebucht, um sich die alten Kriegserinnerungen aus dieser Gegend ins Gedächtnis zu rufen. So waren sie bei dem „Frontalangriff", den sie im Norden Norwegens mitgemacht hatten. Sehr aufgeregt, laut gestikulierend erlebten wir die Männer, unwillkürlich waren alle „im Krieg".
Da gab es auch viele Diskussionen bei den Reisegefährten, wie sie über die Kriegszeit dachten und wie sie sie erlebt hatten.

Je höher wir gen Norden kamen, umso karger wurde die Region. Hier lebt ein Bergvolk in Lappland, die Samen, ein Bergvolk, bekleidet mit herrlichen Trachten und feinen Kopfbedeckungen. Das kleine Lappendorf hieß „Karasjok“. Dort haben wir eine einfache Holzkirche besichtigt. An den Straßen und Haltestellen verkauften die Samen ihre Produkte, z. B. Felle und selbstgefertigte Garderobe in bunten Farben.

Die Gesichter der Lappen sind von der rauen Witterung gezeichnet. Eine Lehrersfrau kaufte sich einen Blaufuchs.

Die Lappen fragten den Busfahrer nach Schnaps und Wein. Dies war dem Busfahrerehepaar schon bekannt, denn sie kannten die „Bräuche“ und hatten alles von

Deutschland mitgenommen zum Tausch. Es war ein besonderes Erlebnis.

Je höher wir nach Norden kamen, gab es keine Bäume mehr, nur noch Steine und es wurde sehr kalt.
Nun mussten wir noch mit der Fähre auf die Insel Menori unsere letzte Wegstrecke zum Nordkap zurücklegen. Ach, was hatten wir für ein Glück, ein heftiges Gewitter hatte sich entladen und wir fuhren im Sonnenschein, es war taghell, dem Nordkap entgegen!
Wir sahen viele, viele Herden von Rentieren im Abendlicht auf den Hügeln. Oben am Nordkap war es bitterkalt geworden. Alle dicken Kleidungsstücke wurden angezogen, der Busfahrer gab jedem noch einen Schnaps zum Aufwärmen, denn es waren nur 0 Grad. Hier oben waren viele Ausflugsbusse angekommen, um dieses Ereignis anzuschauen.

Das Nordkap

Plötzlich hörten wir: „Hallo, Herr Schulz!“ Oh, es war unglaublich, dass Günter hier einen Amtskollegen traf. Es gab eine herzliche Begrüßung in eisiger Kälte im hohen Norden. Ja, so etwas gibt es!
Wir erlebten alle ein herrliches Schauspiel, die Sonne tauchte gar nicht mehr ins Meer, und die Schiffe waren winzig, die gerade um das Kap lagerten. Den Besuchern wird hier oben viel geboten.
In einem Kino wurden wir in die faszinierende Welt der Fjorde und verschneiten Berge versetzt. Ein Animationsflug in einem kleinen Flugzeug gab uns das Gefühl, selbst zu fliegen, da musste ich unwillkürlich an unser verhindertes „Flugunternehmen“ denken.
Ich musste leider aus der Vorstellung gehen, denn mir war ganz schlecht von dem turbulenten Flug in rasanter Geschwindigkeit. Nach einer durchwachten Nacht ging es dann auf den Rückweg.

In Hammerfest der nördlichsten Stadt Europas, gab es eine Stadtrundfahrt sowie ein gutes Frühstück.
Günter machte immer Aufzeichnungen, Gertrud hielt die Temperaturen von allen Stationen fest. Je weiter wir uns gen Süden in Skandinavien bewegten, stiegen die Temperaturen an und die Sonne wärmte uns wieder.
Ein schöne Zeit erlebten wir in Stockholm, Hauptstadt Schwedens, eine reizvolle Stadt. Sie ist Residenz des Königs seit 1643 und Sitz des schwedischen Parlaments. Trotz Besichtigungstour hatten wir einen Tag zur eigenen Verfügung.

Es war für uns ein besonderer Tag, denn Günter hatte seinen Geburtstag.
Es war herrlich blauer Himmel und sonniges Wetter. Am Abend sollte sich die Gruppe wieder am Bus einfinden. Wir hatten schon einen Plan, auch Besichtigungen sollten nicht fehlen.
Zuerst suchten wir die Gertrudiskirche mit einer deutschen Führung auf. Wir waren überrascht, die Fenster leuchteten in den schönsten Farben.
Das Größte: Unser Hochzeitsspruch war dort zu lesen! „Gott ist Liebe und wer in der Liebe bleibt, bleibt in Gott und Gott in Ihm". Uns kamen die Tränen, dass wir so etwas in Schweden erleben durften!
Anschließend machten wir eine Stadtbesichtigung, sahen Geschäftsstraßen mit den teuersten Geschäften, die Altstadt, das Parlamentsgebäude, die Palastparade um die Mittagszeit in tollen schicken Uniformen.
Ein Geburtstagsessen in einem kleinen Restaurant in der historischen Altstadt „Gamla Stan", hier wurden wir reichlich und aufs Beste bedient mit schwedischen Spezialitäten. Es war ein würdiger Tag für Günter.

Das Wasa-Museum wurde um das berühmte Kriegsschiff herum gebaut, es zeigt einen im 17. Jahrhundert gesunkenen Schiffskörper.
Das Schiff wurde 1961 geborgenund danach restauriert. Nun ist es für die Besucher eine sehr beindruckende Besichtigung.

Als wir am Abend wieder in einem Skandic-Hotel eintrafen, bedurfte es keines „Schlafliedes“, denn jeder von uns war „erschossen“ von den vielen Eindrücken. Schließlich verbrachten wir noch einen langen Reisetag im Bus, dann verließen wir das schöne Skandinavien in Richtung Heimat.

Es war eine der schönsten Reisen, die wir erleben durften. Wir lernten Land und Leute kennen, die Reisegruppe war nett und hilfsbereit, wenn es mal nötig war. Das ist auch nicht immer selbstverständlich!

Ostseereise

Es war das Jahr 1948 als nach dem schrecklichen Kriege von den Siegermächten die Teilung Deutschlands vorgenommen wurde.
Der Westen wurde zur „Bundesrepublik“ Deutschland und der Osten zur „DDR“ (Deutsche Demokratische Republik).
Da sich aber eine große Fluchtbewegung aus der DDR abzeichnete, beschloss man eine Mauer von 1400 km durch das ganze Land und die Hauptstadt Berlin zu errichten. Viele Menschen haben auf der Flucht ihr Leben gelassen.
Es gab große Wirtschaftliche Schwierigkeiten, die Menschen demonstrierten und wollten die Grenzöffnung, die am 9.November 1989 vollzogen wurde.
Kein Mensch hätte jemals an diese Wiedervereinigung beider deutscher Länder und deutscher Menschen geglaubt!

Ein echtes Wunder war geschehen!! Viele, viele Menschen haben gelitten und darum gebetet, zu ihren Verwandten zu kommen. Die Friedensgebete in der Leipziger Kirche und die Montagsdemonstrationen bleiben unvergessen Der Ruf: „Wir sind ein Volk, wir sind das Volk“, der DDR-Bürger wurde immer lauter.
Es war ein Wunder, eine Erhörung!!
Die Wiedervereinigung wurde dann am 3. Oktober 1990 besiegelt.

Unsere erste gemeinsame Ostseereise nach Mecklenburg, Usedom unternahmen wir mit einem Reisebus. Wir hatten uns die Osterfeiertage 1991 ausgesucht. Die Grenze war ja nun offen, keine Einreisevisa mehr nötig. Ach ja, wir erlebten eine ganz „andere Welt", machten viele Abstriche bezüglich Unterkunft.
Doch die Städte entzückten uns sehr: Schwerin und das Schweriner Schloss mit See, Marktplatz und die angrenzenden Häuser. Es ging weiter nach Wismar, Rostock, Stralsund und zur Insel Rügen.
Hier standen wir in Binz am Ostseestrand und blickten auf die Kreidefelsenküste. Das Hotel an der Strandpromenade war sehr einfach. Es waren zwar Gäste da, aber nicht so viele. Jeder Gast bekam zur Begrüßung beim Morgenbuffet ein buntes Ei.
Wir sahen noch die Insel Usedom und waren in Zinnowitz in einem Baltic-Hotel an der See untergebracht. Zur DDR-Zeit waren nur die ausgewählten Parteigenossen da.
Welche Aufbauarbeiten lagen da noch an? Viele schöne Bauwerke, besonders die Seebäder waren in keinem guten Zustand. Hier fehlten viele gute Baumaterialien. Das Holz war verwittert, der Anstrich verblasst. Überall Rost! Vieles aus Plastik war zu sehen...

Hier hatten wir auch wieder ein Erlebnis.
Wir wohnten im 4. Stock. Der Aufzug war schon sehr alt und marode. Als wir, vom Frühstück kommend, am Abreisetag hochfahren wollten, schafften wir es noch in

letzter Minute – es knackte entsetzlich – den Aufzug verlassen zu können.

Die Tür ging zu. Nichts tat sich mehr! Die Gäste, die nach uns im Aufzug gefangen waren, schrien vor Angst. Schnell musste ein Handwerker zu Hilfe geholt werden.

Sie waren für lange Zeit „gefangen“, was hatten wir für ein Glück! Der Reisebus musste auf diese Gäste warten.

In Heringsdorf machten wir noch einen Strandspaziergang, „tankten“ die gute Ostseeluft. Nur wenige Mitreisende nutzten diese Möglichkeit. Letztes Ziel war das Ostseebad Bansin. Dann ging es auf die lange Heimreise über Berlin nach Bochum.

Nachwort

Ich werde in diesem Jahr, so Gott will 82 Jahre. Soviel habe ich dem Vater im Himmel zu verdanken. Jeden Tag geht es mit Gottes Hilfe weiter. Es sind nicht nur schöne Tage und Zeiten in meinem Leben gewesen. Es geht mal rauf und mal runter.
Durch den Tod meines lieben Mannes entstand eine große Lücke in meinem Leben. Nun durfte ich erfahren, dass die Familie noch näher zusammengerückt ist, jeder trägt zu meinem Wohlergehen bei.

Ich schätze die Freunde, die uns mit Rat und Tat zur Seite stehen. Eine sehr große Hilfe habe ich an meiner Schwester, wofür ich besonders dankbar bin.
In meinem Leben war alles dabei, Freude und Leid, Trauriges und Schönes. Es wurde auch mal bei uns „dunkel" und nach einem „Gewitter" wieder hell. Die Luft wurde frisch und war gereinigt! Schaue ich aber auf mein Leben, da kann ich nur sagen: es war sehr schön!
„Es war ein buntes Leben."

Meinen Wahlspruch, der mich ein Leben lang begleitete, möchte ich gerne an meine Kinder und Enkelkinder weitergeben:
„Wer (sich) aufgibt, der hat schon verloren!"